해법 기초계산 D6

1 4주 완성의 계획적인 수학 학습!

2 시간 내 푸는 연습을 통한 실전 감각 향상!

3 다양한 구성의 문제로 사고력 향상!

계산력이 왜 중요한가?

선생님! 계산력이 왜 중요한가요?

수학 만점으로 가는 길은 계산력에서 시작한단다. 왜 중요한지 수학의 아버지 피타고라스 선생님에게 물어볼까?

계산력은 수학의 뿌리!
계산력 없이 수학은 생각할 수 없지.
수학은 계통성의 학문이라고 해.
역연산으로 인해 덧셈이 뺄셈의 기초가 되고,
곱셈이 확립되어야
나눗셈이 가능해지기 때문이지.
따라서 수학의 근간인 기초 계산력을
완벽하게 다져 주는 것이야말로
수학 만점으로 가는 첫걸음이지.

구 성 과 특 징

개념 만화

만화를 통한 원리 깨치기

만화를 통한 계산 원리와 개념을
이해할 수 있습니다.

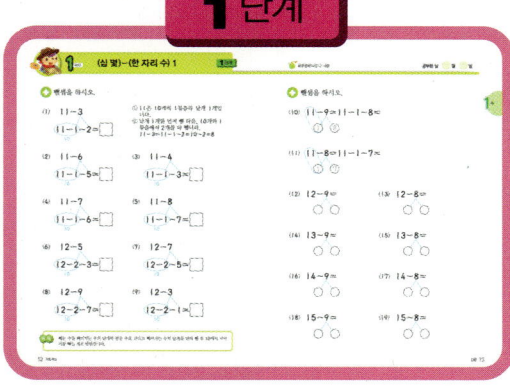

1단계

집중 연습으로 계산력 다지기

집중 연습 문제로 기초 계산력을
완벽하게 다질 수 있습니다.

2단계

퍼즐형 문제로 정확성 기르기

흥미로운 퍼즐형 문제로 이루어져
집중력과 정확성까지 기를 수 있습니다.

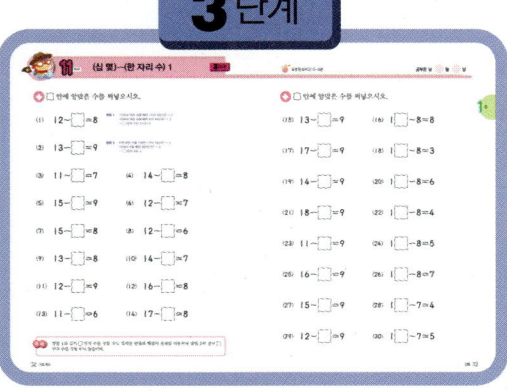

3단계

다양한 문제로 사고력 키우기

다양한 문제를 통해 수학적 사고력과
문제 해결력을 높일 수 있습니다.

내용 구성표

권	주	A단계 (5~7세)	B단계 (5~7세)	C단계 (5~7세)
1권	1	일대일 대응, 많다 · 적다	더하기 3 : (1~7)+3	빼기 5 : (1~20)−5
	2	1~5 수 익히기	더하기 3 : (1~17)+3	빼기 6 : (1~20)−6
	3	1~5 수 익히기	더하기 3 : (1~27)+3	빼기 4, 5, 6의 종합
	4	0, 6~10 수 익히기	더하기 1, 2, 3의 종합	더하기 · 빼기의 종합 ①
2권	1	0, 6~10 수 익히기	빼기 1 : (1~10)−1	더하기 · 빼기의 종합 ②
	2	1~10 종합	빼기 1 : (1~20)−1	더하기 7 : (1~9)+7
	3	수 가르기와 수 모으기 (1, 2, 3, 4, 5)	빼기 2 : (1~10)−2	더하기 7 : (1~19)+7
	4	수 가르기와 수 모으기 (6, 7, 8, 9, 10)	빼기 2 : (1~20)−2	더하기 7 : (1~23)+7
3권	1	11~20 수 익히기	빼기 3 : (1~10)−3	더하기 8 : (1~9)+8
	2	11~20 수 익히기	빼기 3 : (1~20)−3	더하기 8 : (1~22)+8
	3	1~20 종합	빼기 1, 2, 3의 종합	더하기 9 : (1~9)+9
	4	21~30 수 익히기	더하기 · 빼기의 관계 ①	더하기 9 : (1~21)+9
4권	1	31~40 수 익히기	더하기 · 빼기의 관계 ②	더하기 10 : (1~20)+10
	2	41~50 수 익히기	더하기 4 : (1~6)+4	더하기 7, 8, 9, 10의 종합
	3	1~50 종합	더하기 4 : (1~16)+4	더하기 1~10의 종합
	4	51~70 수 익히기	더하기 4 : (1~26)+4	빼기 7 : (1~20)−7
5권	1	71~100 수 익히기	더하기 5 : (1~9)+5	빼기 8 : (1~20)−8
	2	1~100 종합	더하기 5 : (1~15)+5	빼기 9 : (1~20)−9
	3	더하기 1 : (1~9)+1	더하기 5 : (1~25)+5	빼기 10 : (1~20)−10
	4	더하기 1 : (1~19)+1	더하기 6 : (1~9)+6	빼기 7, 8, 9, 10의 종합
6권	1	더하기 1 : (1~29)+1	더하기 6 : (1~14)+6	빼기 1~10의 종합
	2	더하기 2 : (1~8)+2	더하기 6 : (1~24)+6	더하기 · 빼기의 종합 ③
	3	더하기 2 : (1~18)+2	더하기 4, 5, 6의 종합	더하기 · 빼기의 종합 ④
	4	더하기 2 : (1~28)+2	빼기 4 : (1~20)−4	재미있는 더하기 · 빼기의 규칙

권	주	D단계 (초1)	E단계 (초2)	F단계 (초3)	G단계 (초4)
1권	1	더하기 1, 2, 3	받아올림이 있는 (두 자리 수)+(한 자리 수)	(세 자리 수)+(세 자리 수) ①	100, 1000, 10000, 몇백, 몇천 곱하기
	2	합이 5까지인 덧셈	받아내림이 있는 (두 자리 수)–(한 자리 수)	(세 자리 수)+(세 자리 수) ②	(세 자리 수)×(두 자리 수)
	3	합이 9까지인 덧셈	세 수의 덧셈	(세 자리 수)–(세 자리 수) ①	(네 자리 수)×(두 자리 수)
	4	받아올림이 없는 (한 자리 수)+(한 자리 수)	세 수의 뺄셈	(세 자리 수)–(세 자리 수) ②	(세 자리 수)×(세 자리 수)
2권	1	빼기 1, 2, 3	일의 자리에서 받아올림이 있는 (두 자리 수)+(두 자리 수)	2, 3, 4, 5의 단 곱셈구구를 이용한 나눗셈	(세 자리 수)÷(한 자리 수)
	2	5까지의 뺄셈	십의 자리에서 받아올림이 있는 (두 자리 수)+(두 자리 수)	6, 7, 8, 9의 단 곱셈구구를 이용한 나눗셈	(두·세 자리 수)÷(몇십)
	3	9까지의 뺄셈	일, 십의 자리에서 받아올림이 있는 (두 자리 수)+(두 자리 수)	곱셈구구를 이용한 나눗셈 ①	(두·세 자리 수)÷(두 자리 수)
	4	(한 자리 수)–(한 자리 수)	받아올림이 있는 (두 자리 수)+(두 자리 수)	곱셈구구를 이용한 나눗셈 ②	(세·네 자리 수)÷(두 자리 수)
3권	1	10이 되는 더하기	받아내림이 있는 (두 자리 수)–(두 자리 수) ①	(두 자리 수)×(한 자리 수) ①	덧셈과 뺄셈의 혼합 계산
	2	10에서 빼기	받아내림이 있는 (두 자리 수)–(두 자리 수) ②	(두 자리 수)×(한 자리 수) ②	곱셈과 나눗셈의 혼합 계산
	3	세 수의 계산 ①	세 수의 계산 ①	(두 자리 수)×(한 자리 수) ③	혼합 계산 1
	4	세 수의 계산 ②	세 수의 계산 ②	(두 자리 수)×(한 자리 수) ④	혼합 계산 2
4권	1	받아올림이 없는 (두 자리 수)+(한 자리 수)	2, 3, 4, 5의 단 곱셈구구	(네 자리 수)+(세 자리 수)	분수의 이해 1
	2	받아올림이 없는 (두 자리 수)+(두 자리 수)	6, 7, 8, 9의 단 곱셈구구	(네 자리 수)+(네 자리 수)	분수의 이해 2
	3	받아내림이 없는 (두 자리 수)–(한 자리 수)	곱셈구구 ①	(네 자리 수)–(세 자리 수)	분수의 이해 3
	4	받아내림이 없는 (두 자리 수)–(두 자리 수)	곱셈구구 ②	(네 자리 수)–(네 자리 수)	분수의 덧셈
5권	1	두 수의 합이 10이 되는 세 수의 덧셈	받아올림이 없는 (세 자리 수)+(세 자리 수)	(세 자리 수)×(한 자리 수)	분수의 덧셈
	2	(한 자리 수)+(한 자리 수) ①	일의 자리에서 받아올림이 있는 (세 자리 수)+(세 자리 수)	(한 자리 수)×(두 자리 수)	분수의 뺄셈 1
	3	(한 자리 수)+(한 자리 수) ②	십의 자리에서 받아올림이 있는 (세 자리 수)+(세 자리 수)	(두 자리 수)×(두 자리 수) ①	분수의 뺄셈 2
	4	(한 자리 수)+(한 자리 수)의 종합	일, 십의 자리에서 받아올림이 있는 (세 자리 수)+(세 자리 수)	(두 자리 수)×(두 자리 수) ②	세 분수의 덧셈과 뺄셈
6권	1	(십 몇)–(한 자리 수) ①	받아내림이 없는 (세 자리 수)–(세 자리 수)	(두 자리 수)÷(한 자리 수) ①	소수 한 자리 수의 덧셈
	2	(십 몇)–(한 자리 수) ②	십의 자리에서 받아내림이 있는 (세 자리 수)–(세 자리 수)	(두 자리 수)÷(한 자리 수) ②	소수 두·세 자리 수의 덧셈
	3	세 수의 덧셈	백의 자리에서 받아내림이 있는 (세 자리 수)–(세 자리 수)	(두 자리 수)÷(한 자리 수) ③	소수 한 자리 수의 뺄셈
	4	세 수의 뺄셈	십, 백의 자리에서 받아내림이 있는 (세 자리 수)–(세 자리 수)	(두 자리 수)÷(한 자리 수) ④	소수 두·세 자리 수의 뺄셈

Q & A 활용 가이드

Q

아이 수준을 몰라서
어느 단계의 교재를
선택하면 될지 모르겠어요.

A

한 페이지에서
틀린 문제가 6문제 이상이면
이전 단계의
교재부터 시작하세요.

계산 실수를 자주 해요.

정해진 시간 안에 푸는
연습으로 실전 감각을
키우세요.

시험 시간이 부족해요.

매일매일 공부하는
습관으로
정확성을 키우세요.

공부 계획을
스스로 세우기 힘들어요.

스케줄표를 이용해
계획을 세워
2주, 4주 완성에 도전하세요.

4주 완성 스케줄표

활용(방법) 매일 2장(2차시)씩 풀면 24일 만에 완성할 수 있습니다.

1주 확인	1일	2일	3일	4일	5일	6일
	12~15쪽	16~19쪽	20~23쪽	24~27쪽	28~31쪽	32~35쪽

2주 확인	7일	8일	9일	10일	11일	12일
	40~43쪽	44~47쪽	48~51쪽	52~55쪽	56~59쪽	60~63쪽

3주 확인	13일	14일	15일	16일	17일	18일
	68~71쪽	72~75쪽	76~79쪽	80~83쪽	84~87쪽	88~91쪽

4주 확인	19일	20일	21일	22일	23일	24일
	96~99쪽	100~103쪽	104~107쪽	108~111쪽	112~115쪽	116~119쪽

※ 매일 4장(4차시)씩 풀면 12일 만에 완성할 수 있습니다.

1주 (십 몇)－(한 자리 수) 1

학습 체크표 매일 학습이 끝나면 채점을 하고 체크표를 작성하여 나의 실력을 알아보세요.

차시	단계	공부한 날	잘 했나요?
1차시		월 일	😊 🙂 😑 😣
2차시		월 일	😊 🙂 😑 😣
3차시		월 일	😊 🙂 😑 😣
4차시		월 일	😊 🙂 😑 😣
5차시	1단계	월 일	😊 🙂 😑 😣
6차시		월 일	😊 🙂 😑 😣
7차시		월 일	😊 🙂 😑 😣
8차시		월 일	😊 🙂 😑 😣
9차시	2단계	월 일	😊 🙂 😑 😣
10차시		월 일	😊 🙂 😑 😣
11차시	3단계	월 일	😊 🙂 😑 😣
12차시		월 일	😊 🙂 😑 😣

틀린 개수가

0~1 개이면 😊 (아주 잘함)에, 2~3 개이면 🙂 (잘함)에,

4~5 개이면 😑 (보통)에, 6 개 이상이면 😣 (노력 바람)에 색칠해 주세요.

학습목표 받아내림이 있는 (십 몇)—(한 자리 수)의 계산을 여러 가지 방법으로 해결하고 뺄셈의 기초를 다집니다.

1주

사탕 10개가 든 봉지 1개와 낱개 3개가 있어.

맛있겠다! 9개만 줘!

좋아! 너한테 사탕 9개를 줄게. 그런데 사탕 13개에서 9개를 주면 몇 개가 남지?

13—9를 계산하면 되겠다. 같이 계산해 보자.

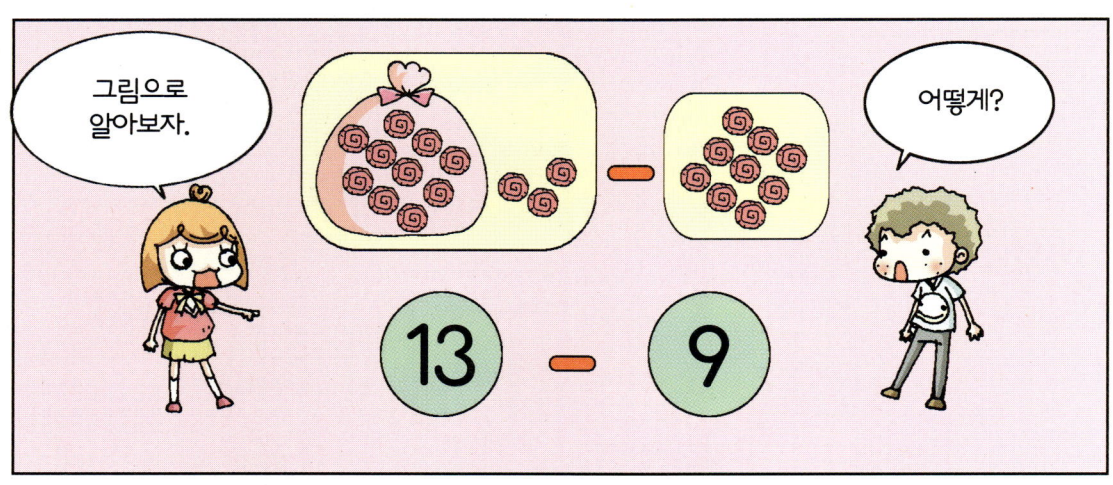

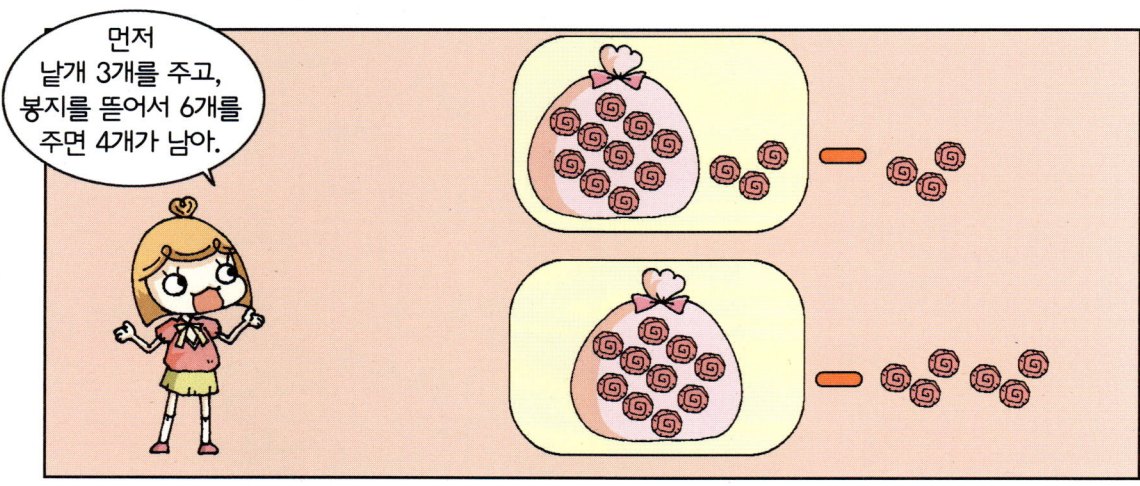

🍀 뺄셈을 하시오.

(1) 11−3

11−1−2 = ☐
  10

① 11은 10개씩 1묶음과 낱개 1개입니다.
② 낱개 1개를 먼저 뺀 다음, 10개씩 1묶음에서 2개를 더 뺍니다.
  11−3=11−1−2=10−2=8

(2) 11−6

11−1−5 = ☐
  10

(3) 11−4

11−1−3 = ☐
  10

(4) 11−7

11−1−6 = ☐
  10

(5) 11−8

11−1−7 = ☐
  10

(6) 12−5

12−2−3 = ☐
  10

(7) 12−7

12−2−5 = ☐
  10

(8) 12−9

12−2−7 = ☐
  10

(9) 12−3

12−2−1 = ☐
  10

 꼭꼭 빼는 수를 빼어지는 수의 낱개와 같은 수로 가르고 빼어지는 수의 낱개를 먼저 뺀 후 10에서 나머지를 빼는 계산 방법입니다.

뺄셈을 하시오.

(10) $11-9=11-1-8=$

　　　① 　⑧

(11) $11-8=11-1-7=$

　　　① 　⑦

(12) $12-9=$

(13) $12-8=$

(14) $13-9=$

(15) $13-8=$

(16) $14-9=$

(17) $14-8=$

(18) $15-9=$

(19) $15-8=$

🍀 뺄셈을 하시오.

(1)　$11-5=11-1-4=$

(2)　$12-5=12-2-3=$

(3)　$11-6=$　　　　(4)　$12-6=$

(5)　$11-7=$　　　　(6)　$12-7=$

(7)　$11-8=$　　　　(8)　$12-8=$

(9)　$11-9=$　　　　(10)　$12-9=$

(11)　$13-5=$　　　　(12)　$14-5=$

(13)　$13-6=$　　　　(14)　$14-6=$

(15)　$13-7=$　　　　(16)　$14-7=$

(17)　$13-8=$　　　　(18)　$14-8=$

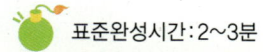 뺄셈을 하시오.

(19) $12-4=$　　　　　(20) $15-7=$

(21) $14-8=$　　　　　(22) $11-4=$

(23) $15-9=$　　　　　(24) $13-6=$

(25) $11-3=$　　　　　(26) $12-6=$

(27) $12-7=$　　　　　(28) $14-5=$

(29) $13-5=$　　　　　(30) $15-6=$

(31) $16-8=$　　　　　(32) $11-9=$

(33) $12-3=$　　　　　(34) $14-6=$

(35) $11-6=$　　　　　(36) $13-7=$

(십 몇)−(한 자리 수) 1

3차시   **1**단계

 뺄셈을 하시오.

(1)   13−7

13−3−4=☐
　　10

① 13은 10개씩 1묶음과 낱개 3개입니다.
② 낱개 3개를 먼저 뺀 다음, 10개씩 1묶음에서 4개를 더 뺍니다.
　13−7=13−3−4=10−4=6

(2)   14−6

14−4−2=☐
　　10

(3)   11−4

11−1−3=☐
　　10

(4)   13−4

13−3−1=☐
　　10

(5)   15−8

15−5−3=☐
　　10

(6)   12−5

12−2−3=☐
　　10

(7)   14−7

14−4−3=☐
　　10

(8)   11−7

11−1−6=☐
　　10

(9)   13−5

13−3−2=☐
　　10

 꼭꼭 빼는 수를 빼어지는 수의 낱개와 같은 수로 가르고 빼어지는 수의 낱개를 먼저 뺀 후 10에서 나머지를 빼는 계산 방법입니다.

뺄셈을 하시오.

(10) $12-4=12-2-2=$

② ②

(11) $13-5=13-3-2=$

③ ②

(12) $11-6=$ (13) $14-8=$

(14) $13-6=$ (15) $12-7=$

(16) $14-6=$ (17) $11-5=$

(18) $12-8=$ (19) $13-4=$

(20) $13-7=$ (21) $11-7=$

(22) $14-7=$ (23) $12-5=$

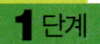

🍀 뺄셈을 하시오.

(1) $12-6=12-2-4=$

(2) $11-7=11-1-6=$

(3) $13-6=$ (4) $14-7=$

(5) $15-8=$ (6) $11-6=$

(7) $13-7=$ (8) $12-5=$

(9) $15-9=$ (10) $14-8=$

(11) $12-3=$ (12) $14-9=$

(13) $11-8=$ (14) $13-8=$

(15) $15-7=$ (16) $11-5=$

(17) $13-5=$ (18) $12-7=$

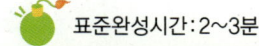
🍀 뺄셈을 하시오.

(19) $11-4=$

(20) $14-9=$

(21) $13-6=$

(22) $12-4=$

(23) $14-6=$

(24) $11-7=$

(25) $13-5=$

(26) $14-5=$

(27) $12-7=$

(28) $13-9=$

(29) $14-7=$

(30) $15-7=$

(31) $11-6=$

(32) $11-3=$

(33) $13-7=$

(34) $12-5=$

(35) $12-6=$

(36) $13-4=$

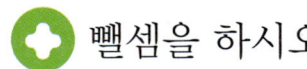 뺄셈을 하시오.

(1)

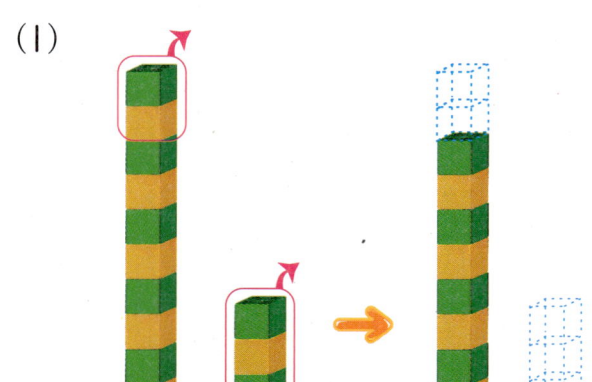

$$
\begin{array}{r}
1\ 3 \\
-\ \ \ 5 \\
\hline
8
\end{array}
$$

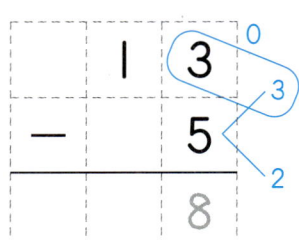
0
3
2

(2)
$$
\begin{array}{r}
1\ 4 \\
-\ \ \ 9 \\
\hline
\end{array}
$$

(3)
$$
\begin{array}{r}
1\ 5 \\
-\ \ \ 8 \\
\hline
\end{array}
$$

(4)
$$
\begin{array}{r}
1\ 6 \\
-\ \ \ 7 \\
\hline
\end{array}
$$

(5)
$$
\begin{array}{r}
1\ 5 \\
-\ \ \ 7 \\
\hline
\end{array}
$$

(6)
$$
\begin{array}{r}
1\ 6 \\
-\ \ \ 9 \\
\hline
\end{array}
$$

(7)
$$
\begin{array}{r}
1\ 3 \\
-\ \ \ 8 \\
\hline
\end{array}
$$

 꼭꼭 빼는 수를 빼어지는 수의 낱개와 같은 수로 가르고 빼어지는 수의 낱개를 먼저 뺀 후 10에서 나머지를 빼는 계산 방법입니다.
13−5=13−3−2=10−2=8

➕ 뺄셈을 하시오.

(8)
```
    1 4
  -   9
  ─────
```

(9)
```
    1 6
  -   8
  ─────
```

(10)
```
    1 7
  -   9
  ─────
```

(11)
```
    1 8
  -   9
  ─────
```

(12)
```
    1 4
  -   6
  ─────
```

(13)
```
    1 6
  -   9
  ─────
```

(14)
```
    1 5
  -   7
  ─────
```

(15)
```
    1 4
  -   8
  ─────
```

(16)
```
    1 5
  -   8
  ─────
```

(17)
```
    1 6
  -   7
  ─────
```

(18)
```
    1 1
  -   5
  ─────
```

(19)
```
    1 7
  -   8
  ─────
```

(20)
```
    1 2
  -   8
  ─────
```

(21)
```
    1 3
  -   8
  ─────
```

(22)
```
    1 5
  -   6
  ─────
```

 뺄셈을 하시오.

(1)
```
   1 2
 -   5
```

(2)
```
   1 2
 -   4
```

(3)
```
   1 3
 -   5
```

(4)
```
   1 3
 -   7
```

(5)
```
   1 3
 -   4
```

(6)
```
   1 1
 -   7
```

(7)
```
   1 4
 -   5
```

(8)
```
   1 1
 -   9
```

(9)
```
   1 3
 -   6
```

(10)
```
   1 2
 -   7
```

(11)
```
   1 1
 -   5
```

(12)
```
   1 3
 -   9
```

(13)
```
   1 2
 -   8
```

(14)
```
   1 6
 -   8
```

(15)
```
   1 8
 -   9
```

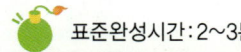

 뺄셈을 하시오.

(16)
```
  1 2
-   6
```

(17)
```
  1 4
-   8
```

(18)
```
  1 4
-   7
```

(19)
```
  1 3
-   7
```

(20)
```
  1 2
-   8
```

(21)
```
  1 5
-   8
```

(22)
```
  1 2
-   4
```

(23)
```
  1 3
-   9
```

(24)
```
  1 1
-   8
```

(25)
```
  1 3
-   6
```

(26)
```
  1 6
-   8
```

(27)
```
  1 1
-   7
```

(28)
```
  1 5
-   7
```

(29)
```
  1 6
-   9
```

(30)
```
  1 4
-   5
```

7차시 (십 몇)−(한 자리 수) 1 **1**단계

 가로셈을 세로셈으로 고쳐 계산하시오.

(1) 11−5
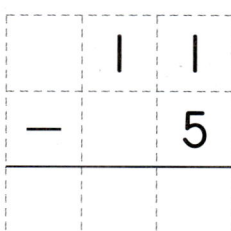

(2) 12−9
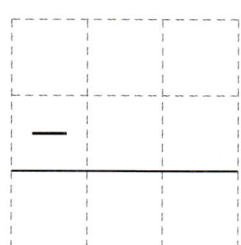

(3) 15−6
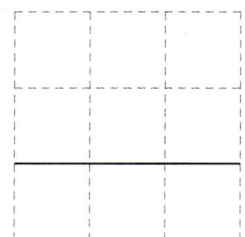

(4) 12−8
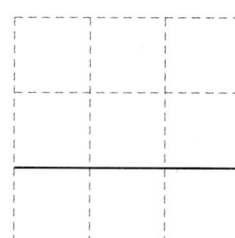

(5) 13−4
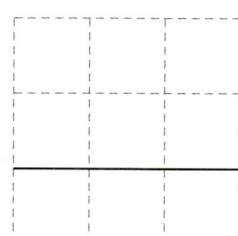

(6) 12−5
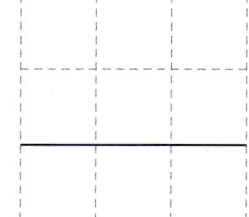

(7) 11−7
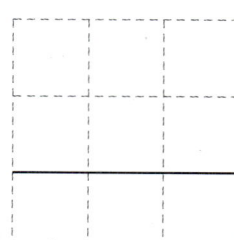

(8) 15−7
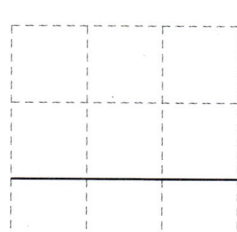

(9) 13−8

 가로셈을 세로셈으로 고쳐 계산할 때에는 자리를 맞추어 쓰고 빼는 수를 빼어지는 수의 낱개와 같은 수로 가르고, 빼어지는 수의 낱개를 먼저 뺀 후 10에서 나머지를 뺍니다.

✚ 가로셈을 세로셈으로 고쳐 계산하시오.

(10) $11-6$

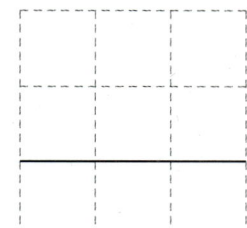

(11) $12-5$

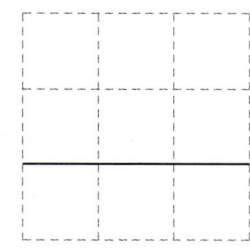

(12) $11-9$

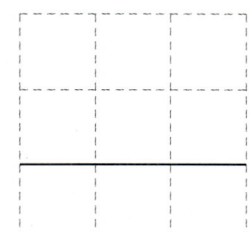

(13) $15-8$

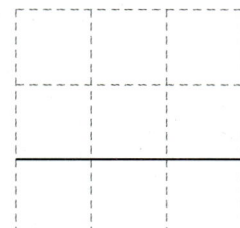

(14) $14-8$

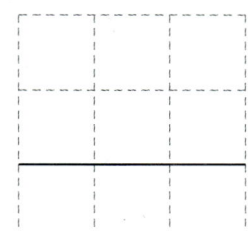

(15) $13-4$

(16) $11-7$

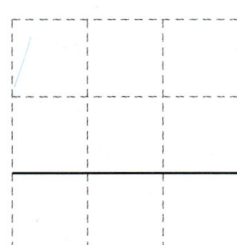

(17) $13-6$

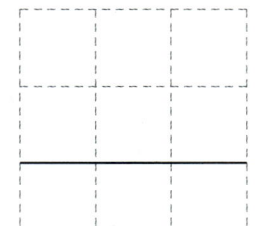

(18) $12-7$

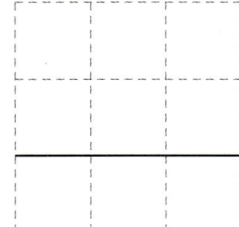

(19) $15-7$

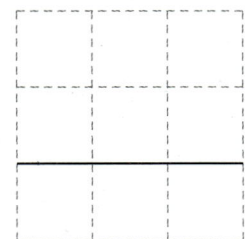

(20) $14-9$

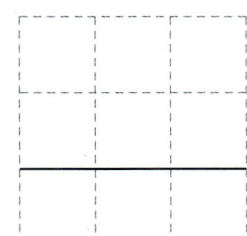

(21) $13-8$

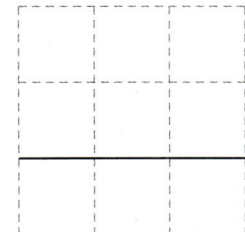

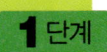
 가로셈을 세로셈으로 고쳐 계산하시오.

(1) 12 − 5

(2) 15 − 7

(3) 16 − 8

(4) 11 − 5

(5) 14 − 7

(6) 13 − 6

(7) 15 − 8

(8) 12 − 6

(9) 14 − 6

(10) 17 − 8

(11) 13 − 9

(12) 11 − 7

➕ 가로셈을 세로셈으로 고쳐 계산하시오.

(13) 13 − 9

(14) 15 − 7

(15) 16 − 8

(16) 12 − 7

(17) 14 − 7

(18) 15 − 8

(19) 12 − 9

(20) 15 − 6

(21) 11 − 3

(22) 13 − 8

(23) 17 − 9

(24) 13 − 4

➕ 빈칸에 알맞은 수를 써넣으시오.

−	11	14	13	12	15
4					
5	6 11−5				
6					
7					
8					
9					

 가로줄에 있는 수에서 세로줄에 있는 수를 뺀 차를 빈칸에 써넣도록 합니다.
지금까지 충분한 연습을 하였으므로 따로 식을 쓰지 말고 암산으로 계산하도록 합니다.

빈칸에 알맞은 수를 써넣으시오.

−	13	15	11	14	12
8					
5					
4					
7					
6					
9					

➕ 빈칸에 알맞은 수를 써넣으시오.

11	−	5	=	
−		−		−
4	−	3	=	
=		=		=
	−		=	

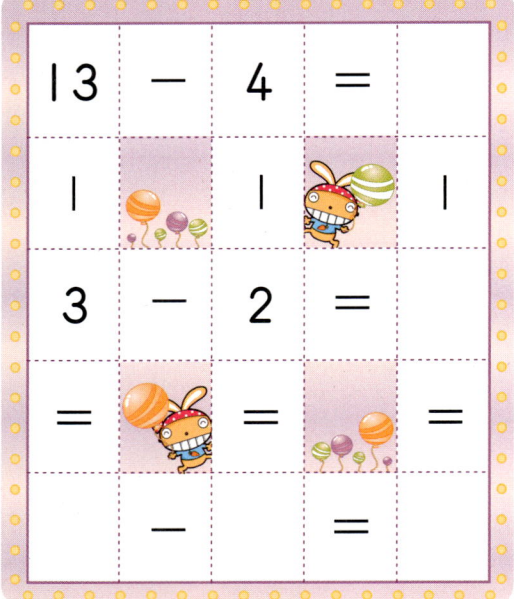

13	−	4	=	
−		−		−
3	−	2	=	
=		=		=
	−		=	

14	−	3	=	
−		−		−
4	−	2	=	
=		=		=
	−		=	

12	−	5	=	
−		−		−
4	−	2	=	
=		=		=
	−		=	

1주

➕ 빈칸에 알맞은 수를 써넣으시오.

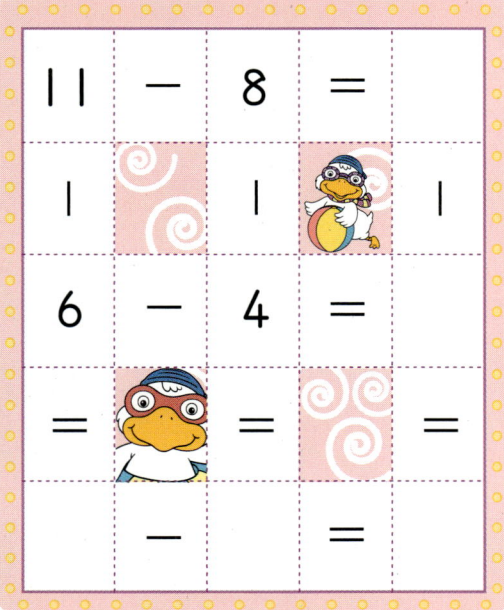

11차시 (십 몇)−(한 자리 수) 1 **3**단계

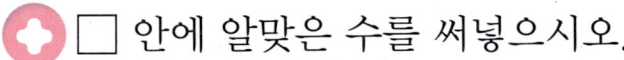

➕ □ 안에 알맞은 수를 써넣으시오.

(1) $12 - \boxed{} = 8$

방법 1 12에서 어떤 수를 빼면 10이 되는가? → 2
10에서 어떤 수를 빼면 8이 되는가? → 2
→ □ 안의 수는 2+2=4

(2) $13 - \boxed{} = 9$

방법 2 9에 어떤 수를 더하면 13이 되는가? → 4
13에서 9를 빼면 얼마인가? → 4
→ □ 안의 수는 4

(3) $11 - \boxed{} = 7$ (4) $14 - \boxed{} = 8$

(5) $15 - \boxed{} = 9$ (6) $12 - \boxed{} = 7$

(7) $15 - \boxed{} = 8$ (8) $12 - \boxed{} = 6$

(9) $13 - \boxed{} = 8$ (10) $14 - \boxed{} = 7$

(11) $12 - \boxed{} = 9$ (12) $16 - \boxed{} = 8$

(13) $11 - \boxed{} = 6$ (14) $17 - \boxed{} = 8$

 방법 1과 같이 □ 안의 수를 구할 수도 있지만 덧셈과 뺄셈의 관계를 이용하여 방법 2와 같이 □ 안의 수를 구할 수도 있습니다.

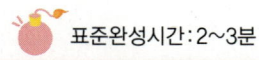
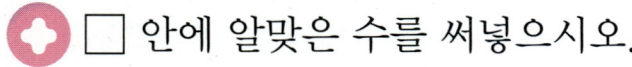 안에 알맞은 수를 써넣으시오.

1주

(15) $13 - \boxed{} = 9$

(16) $1\boxed{} - 8 = 8$

(17) $17 - \boxed{} = 9$

(18) $1\boxed{} - 8 = 3$

(19) $14 - \boxed{} = 9$

(20) $1\boxed{} - 8 = 6$

(21) $18 - \boxed{} = 9$

(22) $1\boxed{} - 8 = 4$

(23) $11 - \boxed{} = 9$

(24) $1\boxed{} - 8 = 5$

(25) $16 - \boxed{} = 9$

(26) $1\boxed{} - 8 = 7$

(27) $15 - \boxed{} = 9$

(28) $1\boxed{} - 7 = 4$

(29) $12 - \boxed{} = 9$

(30) $1\boxed{} - 7 = 5$

빈칸에 알맞은 수를 써넣으시오.

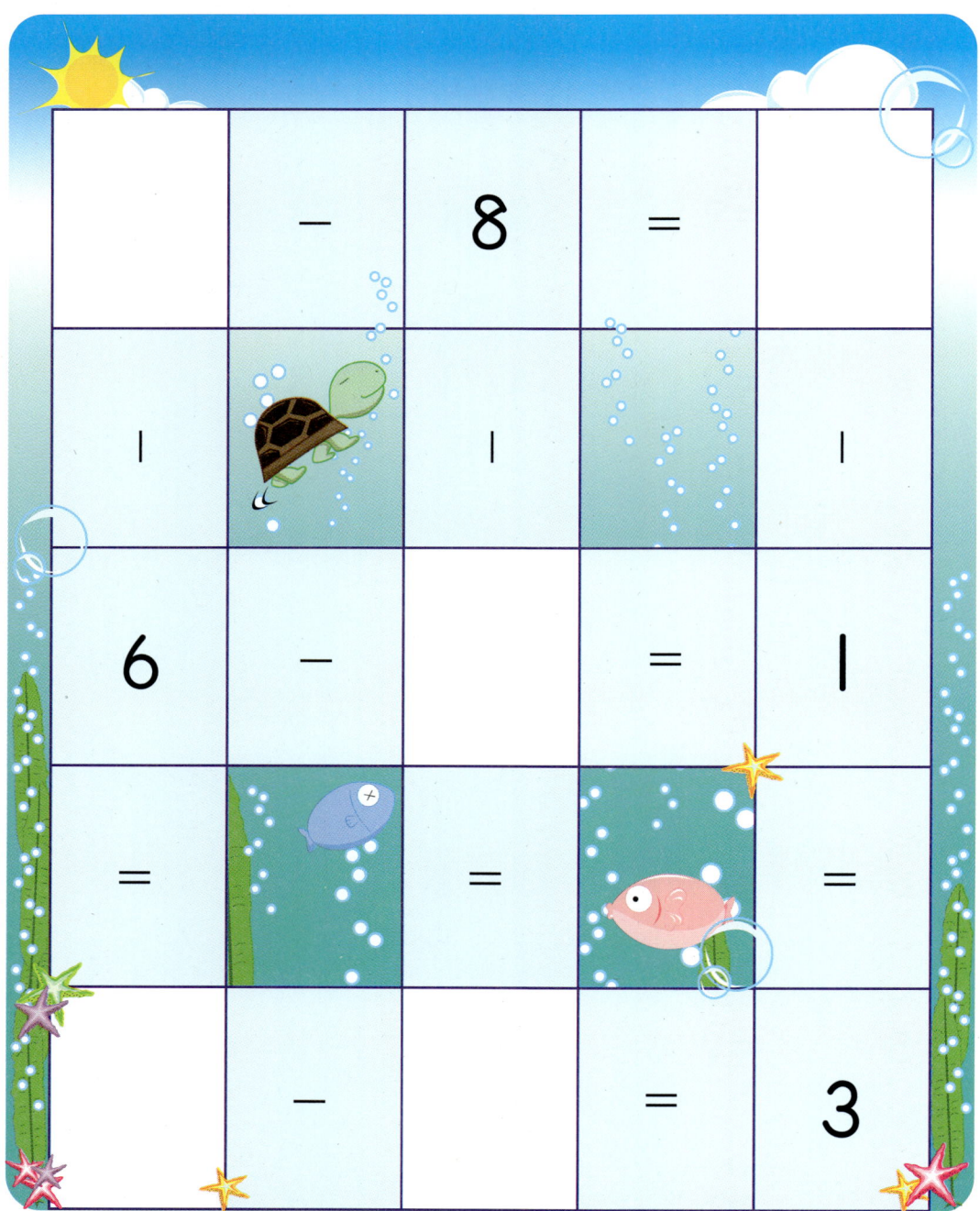

	−	8	=	
	−		−	−
6	−		=	
=		=		=
	−		=	3

○ 빈칸에 알맞은 수를 써넣으시오.

	−	9	=	6
¦	¦	¦		¦
	−		=	4
=		=		=
	−	5	=	

(십 몇)─(한 자리 수) 2

학습 체크표 매일 학습이 끝나면 채점을 하고 체크표를 작성하여 나의 실력을 알아보세요.

차시	단계	공부한 날		잘 했나요?			
13차시		월	일	😊	🙂	😑	😣
14차시		월	일	😊	🙂	😑	😣
15차시		월	일	😊	🙂	😑	😣
16차시	1단계	월	일	😊	🙂	😑	😣
17차시		월	일	😊	🙂	😑	😣
18차시		월	일	😊	🙂	😑	😣
19차시		월	일	😊	🙂	😑	😣
20차시		월	일	😊	🙂	😑	😣
21차시	2단계	월	일	😊	🙂	😑	😣
22차시		월	일	😊	🙂	😑	😣
23차시	3단계	월	일	😊	🙂	😑	😣
24차시		월	일	😊	🙂	😑	😣

틀린 개수가

0~1 개이면 😊 (아주 잘함)에, 2~3 개이면 🙂 (잘함)에,

4~5 개이면 😑 (보통)에, 6 개 이상이면 😣 (노력 바람)에 색칠해 주세요.

학습목표 받아내림이 있는 (십 몇)−(한 자리 수)의 계산을 여러 가지 방법으로 해결하고 뺄셈의 기초를 다집니다.

2주

만두 10개가 든 상자 1개와 낱개 2개가 있어. 여기서 7개만 먹자.

맛있겠다.

그런데 우리가 12개에서 7개를 먹으면 몇 개가 남을까?

글쎄! 계산해 보자.

만화로 개념 알아보기

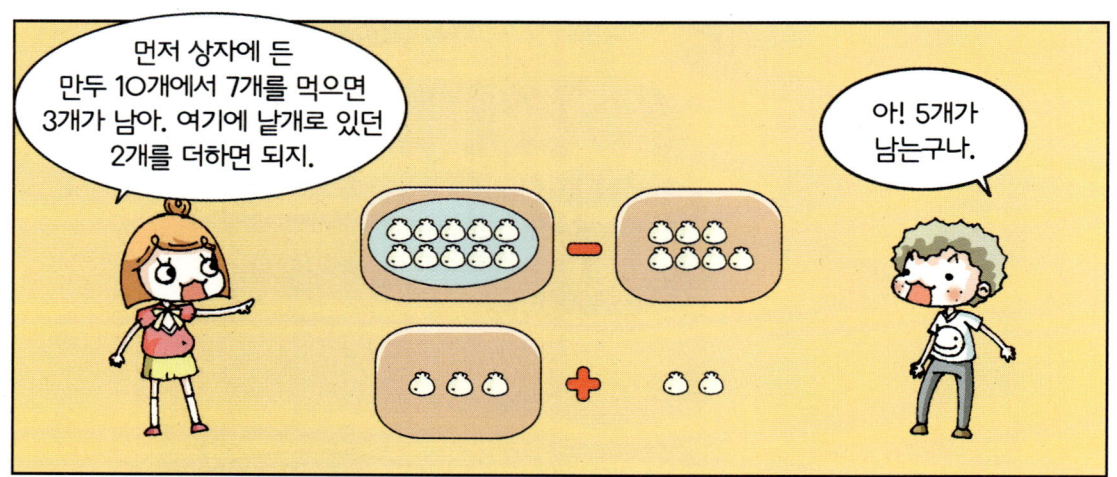

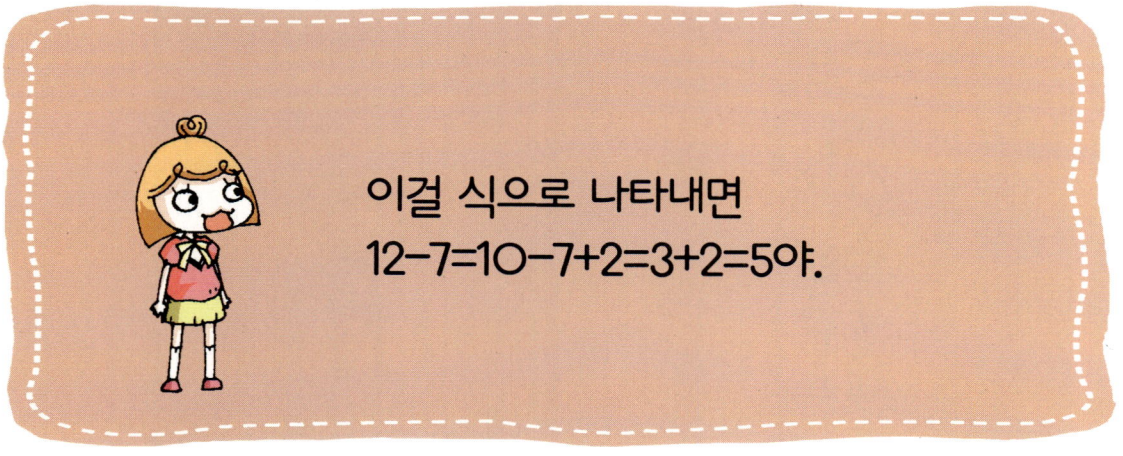

12-7을
가로셈과 세로셈으로
계산해 봐.

가로셈으로 하면

12 - 7

10 - 7 + 2

3 + 2 = 5

세로셈으로 하면

$$\begin{array}{r} 12 \\ -\ 7 \\ \hline 5 \end{array}$$

2 10

와아ー.

남은 만두 5개는
내가 먹을게.

 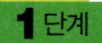

💠 **뺄셈을 하시오.**

(1) 11−3

10−3+1=☐

① 11은 10개씩 1묶음과 낱개 1개입
   니다.
② 10개씩 1묶음에서 3개를 빼면 7개
   가 남고, 나머지 1개를 더하면 8개
   입니다.
$11-3=10-3+1=7+1=8$

(2) 11−6

10−6+1=☐

(3) 11−4

10−4+1=☐

(4) 11−7

10−7+1=☐

(5) 11−8

10−8+1=☐

(6) 12−5

10−5+2=☐

(7) 12−7

10−7+2=☐

(8) 12−9

10−9+2=☐

(9) 12−3

10−3+2=☐

 꼭꼭 빼어지는 수를 10과 낱개로 나눈 후 빼는 수를 빼어지는 수의 10에서 먼저 빼고 나머지를 더합니다.

● 뺄셈을 하시오.

(10) $11 - 9 = 10 - 9 + 1 =$

① ⑩

(11) $11 - 8 = 10 - 8 + 1 =$

① ⑩

(12) $12 - 9 =$

◯ ◯

(13) $12 - 8 =$

◯ ◯

(14) $13 - 9 =$

◯ ◯

(15) $13 - 8 =$

◯ ◯

(16) $14 - 9 =$

◯ ◯

(17) $14 - 8 =$

◯ ◯

(18) $15 - 9 =$

◯ ◯

(19) $15 - 8 =$

◯ ◯

➕ 뺄셈을 하시오.

(1) $11-5=10-5+1=$

(2) $12-5=10-5+2=$

(3) $11-6=$ (4) $12-6=$

(5) $11-7=$ (6) $12-7=$

(7) $11-8=$ (8) $12-8=$

(9) $11-9=$ (10) $12-9=$

(11) $13-5=$ (12) $14-5=$

(13) $13-6=$ (14) $14-6=$

(15) $13-7=$ (16) $14-7=$

(17) $13-8=$ (18) $14-8=$

 뺄셈을 하시오.

(19) $12 - 4 =$

(20) $15 - 7 =$

(21) $14 - 8 =$

(22) $11 - 3 =$

(23) $15 - 9 =$

(24) $13 - 6 =$

(25) $11 - 4 =$

(26) $12 - 5 =$

(27) $12 - 7 =$

(28) $14 - 5 =$

(29) $13 - 5 =$

(30) $15 - 6 =$

(31) $16 - 8 =$

(32) $11 - 9 =$

(33) $12 - 9 =$

(34) $14 - 6 =$

(35) $11 - 6 =$

(36) $13 - 7 =$

➕ 뺄셈을 하시오.

(1) 13−7

　　10−7+3=☐

① 13은 10개씩 1묶음과 낱개 3개입니다.
② 10개씩 1묶음에서 7개를 빼면 3개가 남고, 나머지 3개를 더하면 6개입니다.
　13−7=10−7+3=3+3=6

(2) 14−6

　　10−6+4=☐

(3) 11−4

　　10−4+1=☐

(4) 13−4

　　10−4+3=☐

(5) 15−8

　　10−8+5=☐

(6) 12−5

　　10−5+2=☐

(7) 14−7

　　10−7+4=☐

(8) 11−7

　　10−7+1=☐

(9) 13−5

　　10−5+3=☐

 꼭꼭 빼어지는 수를 10과 낱개로 나눈 후 빼는 수를 빼어지는 수의 10에서 먼저 빼고 나머지를 더하는 계산 방법입니다.

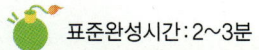
 뺄셈을 하시오.

(10) $12-4=10-4+2=$
      2   10

(11) $13-5=10-5+3=$
      3   10

(12) $11-6=$ (13) $14-8=$

(14) $13-6=$ (15) $12-7=$

(16) $14-6=$ (17) $11-5=$

(18) $12-8=$ (19) $13-4=$

(20) $13-8=$ (21) $11-7=$

(22) $14-7=$ (23) $12-5=$

🍀 뺄셈을 하시오.

(1) 12−6=10−6+2=

(2) 11−7=10−7+1=

(3) 13−6=   (4) 14−7=

(5) 15−8=   (6) 11−6=

(7) 13−7=   (8) 12−5=

(9) 15−9=   (10) 14−8=

(11) 12−3=   (12) 14−9=

(13) 11−8=   (14) 13−8=

(15) 15−7=   (16) 11−5=

(17) 13−5=   (18) 12−7=

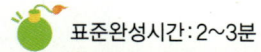
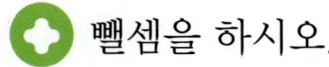 뺄셈을 하시오.

(19) $11-4=$

(20) $14-9=$

(21) $13-6=$

(22) $12-4=$

(23) $15-9=$

(24) $11-7=$

(25) $13-5=$

(26) $14-5=$

(27) $12-7=$

(28) $13-9=$

(29) $14-7=$

(30) $15-7=$

(31) $11-6=$

(32) $11-3=$

(33) $13-7=$

(34) $12-5=$

(35) $12-6=$

(36) $13-4=$

 뺄셈을 하시오.

(1)

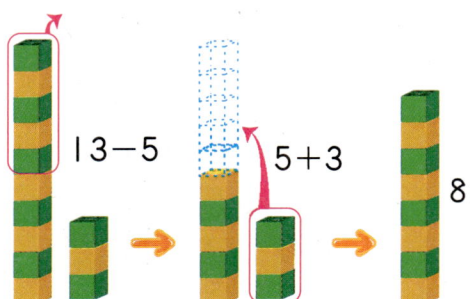

13−5   5+3   8

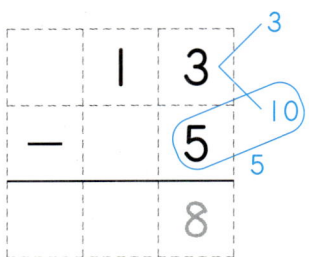

$$\begin{array}{r} 1\ 3 \\ -\ \ 5 \\ \hline 8 \end{array}$$

(2)
$$\begin{array}{r} 1\ 3 \\ -\ \ 9 \\ \hline \end{array}$$

(3)
$$\begin{array}{r} 1\ 4 \\ -\ \ 8 \\ \hline \end{array}$$

(4)
$$\begin{array}{r} 1\ 5 \\ -\ \ 7 \\ \hline \end{array}$$

(5)
$$\begin{array}{r} 1\ 4 \\ -\ \ 7 \\ \hline \end{array}$$

(6)
$$\begin{array}{r} 1\ 5 \\ -\ \ 9 \\ \hline \end{array}$$

(7)
$$\begin{array}{r} 1\ 2 \\ -\ \ 8 \\ \hline \end{array}$$

 꼭꼭 빼어지는 수를 10과 낱개로 나눈 후 빼는 수를 빼어지는 수의 10에서 먼저 빼고 나머지를 더합니다.
13−5=10+3−5=10−5+3=5+3=8

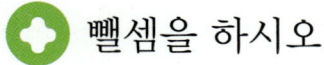
➕ 뺄셈을 하시오.

(8)
```
    1  3
 -     9
```

(9)
```
    1  5
 -     8
```

(10)
```
    1  6
 -     9
```

(11)
```
    1  7
 -     9
```

(12)
```
    1  3
 -     6
```

(13)
```
    1  5
 -     9
```

(14)
```
    1  4
 -     7
```

(15)
```
    1  3
 -     8
```

(16)
```
    1  4
 -     8
```

(17)
```
    1  5
 -     7
```

(18)
```
    1  4
 -     5
```

(19)
```
    1  6
 -     8
```

(20)
```
    1  1
 -     8
```

(21)
```
    1  2
 -     8
```

(22)
```
    1  4
 -     6
```

 뺄셈을 하시오.

(1)
```
    1 4
 −    5
```

(2)
```
    1 1
 −    4
```

(3)
```
    1 2
 −    5
```

(4)
```
    1 2
 −    7
```

(5)
```
    1 3
 −    4
```

(6)
```
    1 1
 −    5
```

(7)
```
    1 4
 −    6
```

(8)
```
    1 1
 −    9
```

(9)
```
    1 2
 −    6
```

(10)
```
    1 3
 −    7
```

(11)
```
    1 2
 −    4
```

(12)
```
    1 4
 −    9
```

(13)
```
    1 3
 −    8
```

(14)
```
    1 5
 −    8
```

(15)
```
    1 7
 −    9
```

뺄셈을 하시오.

(16)
$$\begin{array}{r} 13 \\ -\ 6 \\ \hline \end{array}$$

(17)
$$\begin{array}{r} 12 \\ -\ 8 \\ \hline \end{array}$$

(18)
$$\begin{array}{r} 13 \\ -\ 7 \\ \hline \end{array}$$

(19)
$$\begin{array}{r} 14 \\ -\ 7 \\ \hline \end{array}$$

(20)
$$\begin{array}{r} 13 \\ -\ 8 \\ \hline \end{array}$$

(21)
$$\begin{array}{r} 16 \\ -\ 8 \\ \hline \end{array}$$

(22)
$$\begin{array}{r} 13 \\ -\ 4 \\ \hline \end{array}$$

(23)
$$\begin{array}{r} 14 \\ -\ 9 \\ \hline \end{array}$$

(24)
$$\begin{array}{r} 12 \\ -\ 3 \\ \hline \end{array}$$

(25)
$$\begin{array}{r} 14 \\ -\ 6 \\ \hline \end{array}$$

(26)
$$\begin{array}{r} 15 \\ -\ 8 \\ \hline \end{array}$$

(27)
$$\begin{array}{r} 11 \\ -\ 7 \\ \hline \end{array}$$

(28)
$$\begin{array}{r} 16 \\ -\ 7 \\ \hline \end{array}$$

(29)
$$\begin{array}{r} 17 \\ -\ 9 \\ \hline \end{array}$$

(30)
$$\begin{array}{r} 13 \\ -\ 5 \\ \hline \end{array}$$

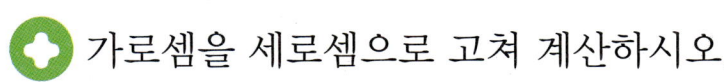

➕ 가로셈을 세로셈으로 고쳐 계산하시오.

(1) 12−6

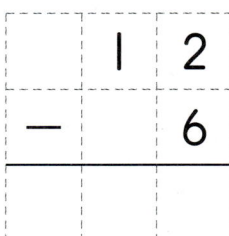

```
    1 2
 −    6
```

(2) 13−9

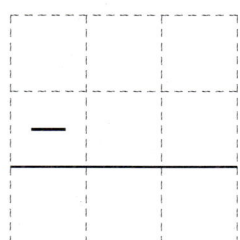

(3) 14−6

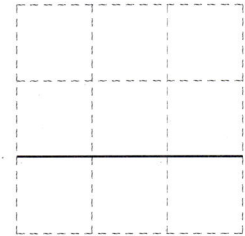

(4) 11−8

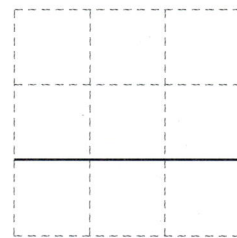

(5) 12−4

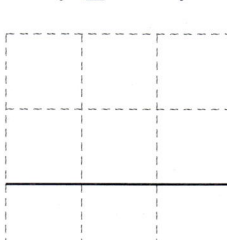

(6) 14−9

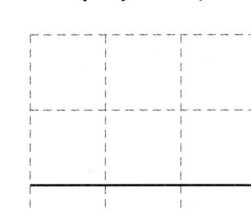

(7) 12−7

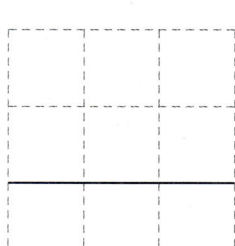

(8) 14−7

(9) 15−8

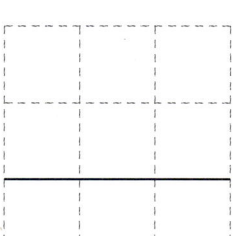

꼭 꼭 가로셈을 세로셈으로 고쳐 계산할 때에는 자리를 맞추어 쓰고 빼어지는 수를 10과 낱개로 나눈 후 빼는 수를 빼어지는 수의 10에서 먼저 빼고 나머지를 더합니다.

➕ 가로셈을 세로셈으로 고쳐 계산하시오.

(10) $12-8$

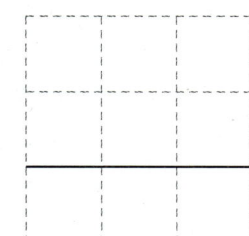

(11) $11-5$

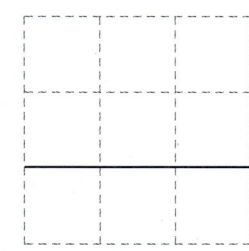

(12) $17-9$

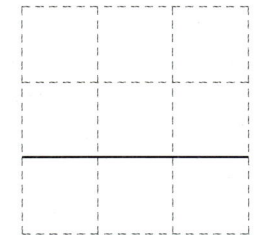

(13) $14-8$

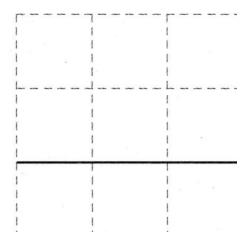

(14) $13-8$

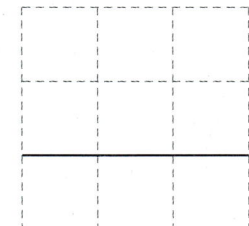

(15) $11-3$

(16) $15-7$

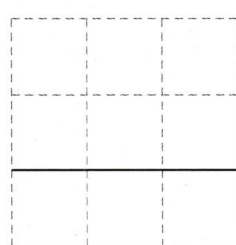

(17) $12-3$

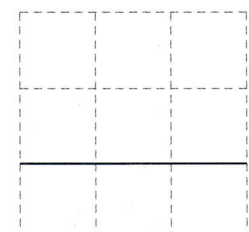

(18) $13-7$

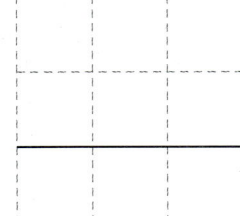

(19) $14-7$

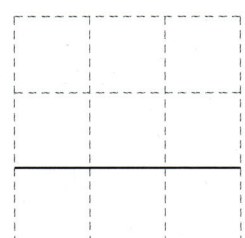

(20) $13-9$

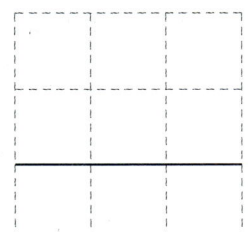

(21) $12-6$

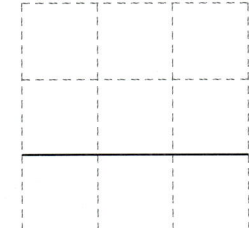

 가로셈을 세로셈으로 고쳐 계산하시오.

(1) 15−6

(2) 15−8

(3) 16−9

(4) 11−6

(5) 14−8

(6) 13−7

(7) 15−9

(8) 12−7

(9) 14−7

(10) 17−9

(11) 13−5

(12) 11−8

✚ 가로셈을 세로셈으로 고쳐 계산하시오.

(13) 13−8　　　(14) 15−6　　　(15) 16−7

(16) 12−6　　　(17) 14−6　　　(18) 15−7

(19) 12−8　　　(20) 15−9　　　(21) 11−2

(22) 13−7　　　(23) 17−8　　　(24) 13−5

21 차시 (십 몇)−(한 자리 수) 2  2단계

 빈칸에 알맞은 수를 써넣으시오.

−	16	14	13	15	12
7					
5	11 16−5				
4					
6					
8					
9					

 가로줄에 있는 수에서 세로줄에 있는 수를 뺀 차를 빈칸에 써넣도록 합니다.
지금까지 충분한 연습을 하였으므로 따로 식을 쓰지 말고 암산으로 계산하도록 합니다.

➕ 빈칸에 알맞은 수를 써넣으시오.

−	12	15	13	14	11
4					
8					
6					
7					
5					
9					

2주

22차시 (십 몇)−(한 자리 수) 2

2단계

빈칸에 알맞은 수를 써넣으시오.

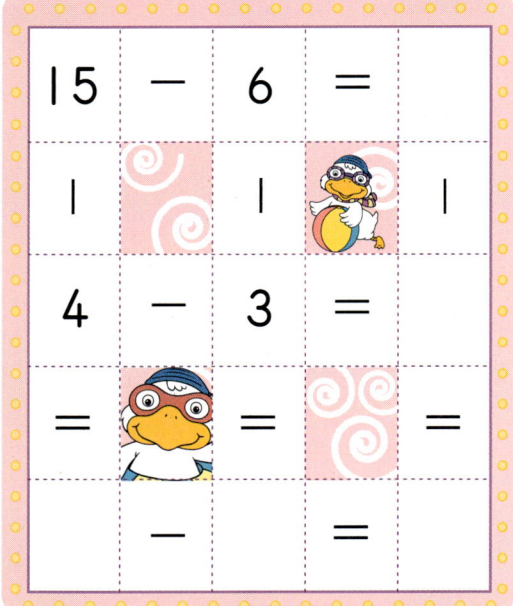

58 기초계산

➕ 빈칸에 알맞은 수를 써넣으시오.

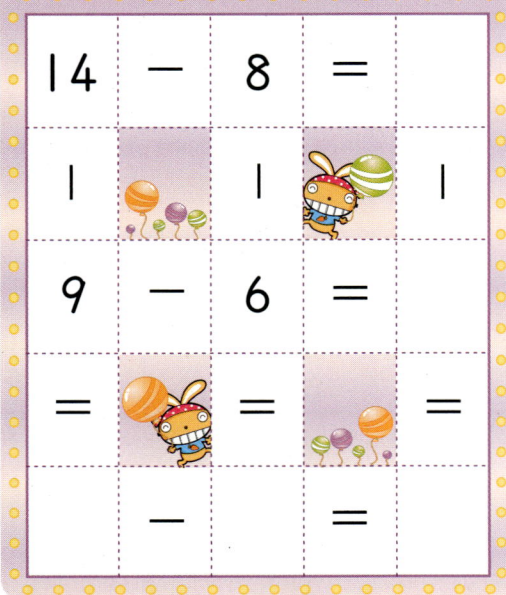

➕ ☐ 안에 알맞은 수를 써넣으시오.

(1) $13 - \boxed{} = 5$

방법 1 어떤 수에 3을 더하면 5가 되는가? → 2
10에서 어떤 수를 빼면 2가 되는가? → 8
→ ☐ 안의 수는 8

(2) $11 - \boxed{} = 5$

방법 2 5에 어떤 수를 더하면 11이 되는가? → 6
11에서 5를 빼면 얼마인가? → 6
→ ☐ 안의 수는 6

(3) $15 - \boxed{} = 7$ (4) $11 - \boxed{} = 2$

(5) $15 - \boxed{} = 8$ (6) $13 - \boxed{} = 6$

(7) $14 - \boxed{} = 9$ (8) $12 - \boxed{} = 9$

(9) $12 - \boxed{} = 8$ (10) $15 - \boxed{} = 9$

(11) $11 - \boxed{} = 4$ (12) $14 - \boxed{} = 6$

(13) $12 - \boxed{} = 6$ (14) $13 - \boxed{} = 7$

 방법 1과 같이 ☐ 안의 수를 구할 수도 있지만 덧셈과 뺄셈의 관계를 이용하여 방법 2와 같이 ☐ 안의 수를 구할 수도 있습니다.

✚ □ 안에 알맞은 수를 써넣으시오.

(15) $11 - \boxed{} = 6$　　　　　(16) $1\boxed{} - 7 = 8$

(17) $13 - \boxed{} = 8$　　　　　(18) $1\boxed{} - 7 = 7$

(19) $12 - \boxed{} = 7$　　　　　(20) $1\boxed{} - 4 = 7$

(21) $12 - \boxed{} = 5$　　　　　(22) $1\boxed{} - 3 = 8$

(23) $13 - \boxed{} = 9$　　　　　(24) $1\boxed{} - 4 = 8$

(25) $15 - \boxed{} = 6$　　　　　(26) $1\boxed{} - 9 = 2$

(27) $14 - \boxed{} = 6$　　　　　(28) $1\boxed{} - 9 = 5$

(29) $12 - \boxed{} = 9$　　　　　(30) $1\boxed{} - 6 = 7$

 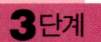

➕ 빈칸에 알맞은 수를 써넣으시오.

	−	7	=	
−		−		−
5	−		=	1
=		=		=
	−		=	5

➕ 빈칸에 알맞은 수를 써넣으시오.

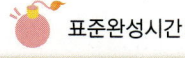

	−	8	=	7
	−		=	3
=		=		=
	−	2	=	

 **3**주 세 수의 덧셈

학습 체크표 매일 학습이 끝나면 채점을 하고 체크표를 작성하여 나의 실력을 알아보세요.

차시	단계	공부한 날	잘 했나요?			
25차시		월 일	😊	🙂	😑	😣
26차시		월 일	😊	🙂	😑	😣
27차시		월 일	😊	🙂	😑	😣
28차시	1단계	월 일	😊	🙂	😑	😣
29차시		월 일	😊	🙂	😑	😣
30차시		월 일	😊	🙂	😑	😣
31차시		월 일	😊	🙂	😑	😣
32차시		월 일	😊	🙂	😑	😣
33차시	2단계	월 일	😊	🙂	😑	😣
34차시		월 일	😊	🙂	😑	😣
35차시	3단계	월 일	😊	🙂	😑	😣
36차시		월 일	😊	🙂	😑	😣

틀린 개수가

0~1개면 😊 (아주 잘함)에, 2~3개이면 🙂 (잘함)에,

4~5개면 😑 (보통)에, 6개 이상이면 😣 (노력 바람)에 색칠해 주세요.

학습목표 받아올림이 있는 세 수의 덧셈을 여러 가지 방법으로 해결하고 덧셈의 기초를 다집니다.

난 가로셈으로 계산할래.

$$6 + 5 + 7 = 11 + 7 = 18$$

① 11

② 18

$$6 + 5 + 7 = 6 + 12 = 18$$

① 12

② 18

3주

들판에 양이 8마리 있어!

토끼도 3마리 뛰어 오는데~

와! 다람쥐도 5마리 있어~

우리가 옥수수를 나눠 줄 동물들은 모두 몇 마리지?

계산해 보자.

$8 + 5 + 3 = 13 + 3$
$= 16$
① ②

$8 + 5 + 3 = 8 + 8$
$= 16$
① ②

우리가 딴 옥수수 18개를 들판의 동물 16마리에게 1개씩 나눠 주면 2개가 남네... 그건 내가 먹을게~ 하하하!

💠 덧셈을 하시오.

(1) $4+8+2=12+2=\boxed{}$

　　① $4+8=12$
　　② $12+2=14$

(2) $9+2+3=11+3=\boxed{}$

(3) $3+7+4=10+4=\boxed{}$

(4) $7+2+3=$　　　　(5) $8+3+4=$

(6) $2+9+3=$　　　　(7) $6+5+2=$

(8) $3+6+3=$　　　　(9) $8+5+2=$

(10) $5+7+2=$　　　　(11) $3+9+4=$

(12) $2+6+5=$　　　　(13) $3+5+4=$

(14) $2+5+4=$　　　　(15) $7+6+2=$

 꼭꼭　세 수의 덧셈은 앞에서부터 두 수씩 차례대로 계산합니다.

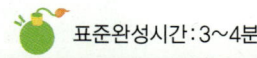
➕ 덧셈을 하시오.

(16) 5+4+2=9+2=

(17) 3+7+2=10+2=

(18) 6+2+4=   (19) 4+2+5=

(20) 8+3+2=   (21) 5+3+4=

(22) 3+8+3=   (23) 4+9+1=

(24) 7+3+2=   (25) 4+1+7=

(26) 2+5+6=   (27) 2+6+8=

(28) 6+3+5=   (29) 8+3+4=

(30) 7+4+4=   (31) 9+2+6=

(32) 3+6+5=   (33) 6+8+1=

✚ 덧셈을 하시오.

(1) $8+3+2=11+2=$

8에 3을 더하면 11, 11에 2를 더하면 13입니다.

(2) $2+7+4=9+4=$

2에 7을 더하면 9, 9에 4를 더하면 13입니다.

(3) $6+2+3=$　　　　(4) $3+8+5=$

(5) $2+3+7=$　　　　(6) $4+2+9=$

(7) $4+2+5=$　　　　(8) $8+5+3=$

(9) $2+6+6=$　　　　(10) $8+3+3=$

(11) $5+2+5=$　　　　(12) $7+4+5=$

(13) $6+5+2=$　　　　(14) $3+9+2=$

(15) $6+3+2=$　　　　(16) $2+5+8=$

(17) $7+2+4=$　　　　(18) $4+5+2=$

 덧셈을 하시오.

(19) $4+7+2=$

(20) $6+1+5=$

(21) $3+2+8=$

(22) $2+6+3=$

(23) $4+7+3=$

(24) $8+6+1=$

(25) $3+6+4=$

(26) $3+4+5=$

(27) $7+2+3=$

(28) $2+4+7=$

(29) $3+6+2=$

(30) $4+8+2=$

(31) $6+7+2=$

(32) $5+9+3=$

(33) $5+3+4=$

(34) $6+2+4=$

(35) $2+7+4=$

(36) $3+9+2=$

➕ 덧셈을 하시오.

(1) $2+6+4=2+10=\boxed{}$

     ① $6+4=10$
     ② $2+10=12$

(2) $7+2+5=7+7=\boxed{}$

(3) $3+8+2=3+10=\boxed{}$

(4) $9+3+3=$ (5) $6+3+2=$

(6) $7+4+3=$ (7) $1+5+5=$

(8) $3+6+3=$ (9) $7+3+4=$

(10) $4+5+2=$ (11) $3+8+4=$

(12) $2+7+3=$ (13) $3+6+2=$

(14) $2+4+9=$ (15) $7+4+2=$

 꼭꼭   세 수의 덧셈은 앞에서부터 두 수씩 차례대로 더하거나 순서를 바꾸어 더하여도 결과는 같습니다.

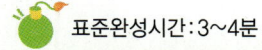 덧셈을 하시오.

(16) $6+3+2=$

(17) $3+5+7=$

(18) $2+7+3=$

(19) $5+2+8=$

(20) $9+2+2=$

(21) $4+3+7=$

(22) $1+2+9=$

(23) $8+4+1=$

(24) $2+3+7=$

(25) $6+3+5=$

(26) $2+4+5=$

(27) $2+5+8=$

(28) $6+3+4=$

(29) $4+4+4=$

(30) $8+3+4=$

(31) $9+2+4=$

(32) $3+8+3=$

(33) $4+9+1=$

3주

➕ 덧셈을 하시오.

(1) $2+7+5=2+12=$

(2) $3+9+4=3+13=$

(3) $2+6+3=$ (4) $2+9+5=$

(5) $2+4+7=$ (6) $3+2+8=$

(7) $2+3+6=$ (8) $8+5+2=$

(9) $5+3+5=$ (10) $5+4+3=$

(11) $8+2+6=$ (12) $3+8+3=$

(13) $7+4+2=$ (14) $3+9+2=$

(15) $5+2+6=$ (16) $3+8+1=$

(17) $7+2+5=$ (18) $4+7+2=$

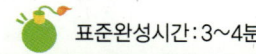
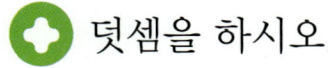 덧셈을 하시오.

(19) $4+8+2=$

(20) $2+6+5=$

(21) $3+2+9=$

(22) $2+9+3=$

(23) $4+6+3=$

(24) $8+6+1=$

(25) $1+7+4=$

(26) $3+9+4=$

(27) $9+2+3=$

(28) $2+7+5=$

(29) $3+8+2=$

(30) $4+7+2=$

(31) $6+7+2=$

(32) $5+9+2=$

(33) $5+3+4=$

(34) $7+2+4=$

(35) $2+9+4=$

(36) $3+6+2=$

29 차시   세 수의 덧셈   **1** 단계

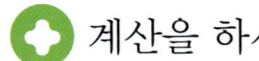 계산을 하시오.

(1)

```
    2 ┐①
    7 ┘ ②
+   4
─────
```

① 2+7=9
② 9+4=13

(2)
```
    1
    6
+   7
─────
```

(3)
```
    8
    4
+   3
─────
```

(4)
```
    6
    3
+   4
─────
```

(5)
```
    5
    8
+   2
─────
```

(6)
```
    4
    5
+   3
─────
```

(7)
```
    6
    2
+   7
─────
```

(8)
```
    9
    3
+   5
─────
```

(9)
```
    3
    5
+   4
─────
```

(10)
```
    8
    3
+   4
─────
```

 꼭꼭   세 수의 덧셈의 세로 형식입니다. 세로 형식의 문제도 가로 형식의 문제와 같이 직관적으로 답이 나오도록 연습합니다.

➕ 계산을 하시오.

(11)
	6
	2
+	5

(12)
	3
	8
+	4

(13)
	2
	9
+	3

(14)
	3
	6
+	5

(15)
	3
	2
+	8

(16)
	7
	8
+	3

(17)
	5
	2
+	4

(18)
	2
	7
+	7

(19)
	4
	6
+	2

(20)
	5
	7
+	2

(21)
	9
	2
+	4

(22)
	5
	2
+	7

 계산을 하시오.

(1)
```
    3
    6
+   2
─────
```

(2)
```
    5
    9
+   2
─────
```

(3)
```
    2
    5
+   6
─────
```

(4)
```
    4
    7
+   5
─────
```

(5)
```
    4
    3
+   7
─────
```

(6)
```
    9
    4
+   1
─────
```

(7)
```
    4
    3
+   5
─────
```

(8)
```
    6
    5
+   2
─────
```

(9)
```
    2
    5
+   8
─────
```

(10)
```
    8
    2
+   3
─────
```

(11)
```
    4
    5
+   2
─────
```

(12)
```
    7
    6
+   2
─────
```

덧셈을 하시오.

(13)
```
    4
    9
+   2
```

(14)
```
    4
    7
+   2
```

(15)
```
    3
    2
+   8
```

(16)
```
    8
    1
+   4
```

(17)
```
    4
    7
+   3
```

(18)
```
    5
    8
+   1
```

(19)
```
    3
    6
+   2
```

(20)
```
    3
    8
+   2
```

(21)
```
    3
    9
+   2
```

(22)
```
    5
    3
+   4
```

(23)
```
    6
    6
+   2
```

(24)
```
    7
    4
+   2
```

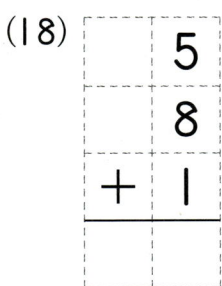

✿ 세 수의 덧셈을 하시오.

(1)	(2)	(3)	(4)	(5)	(6)
2	2	7	4	3	2
5	6	2	3	5	7
4	3	5	5	5	5

(7)	(8)	(9)	(10)	(11)	(12)
5	4	7	8	6	9
6	3	5	4	7	3
1	6	2	3	2	5

(13)	(14)	(15)	(16)	(17)	(18)
9	6	3	2	3	2
4	3	1	4	5	3
3	4	8	7	8	6

 세 수의 덧셈을 하시오.

(19)	(20)	(21)	(22)	(23)	(24)
3	7	3	5	4	4
4	5	6	2	7	2
5	2	2	6	1	5

(25)	(26)	(27)	(28)	(29)	(30)
3	5	6	4	7	5
5	3	7	5	2	6
4	6	2	4	4	2

(31)	(32)	(33)	(34)	(35)	(36)
4	2	5	5	4	7
3	7	4	8	4	2
5	4	3	2	5	3

32 차시 세 수의 덧셈

❀ 세 수의 덧셈을 하시오.

(1)	(2)	(3)	(4)	(5)	(6)
5	3	4	8	9	2
4	5	2	4	1	4
9	7	5	3	6	9

(7)	(8)	(9)	(10)	(11)	(12)
1	7	5	7	6	2
8	7	3	1	6	9
8	2	6	8	3	5

(13)	(14)	(15)	(16)	(17)	(18)
4	5	4	8	7	9
8	6	9	1	2	3
2	2	3	6	4	3

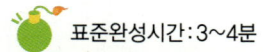
 세 수의 덧셈을 하시오.

(19)	(20)	(21)	(22)	(23)	(24)
3	7	4	5	3	9
4	2	5	8	6	2
8	8	6	4	5	6

(25)	(26)	(27)	(28)	(29)	(30)
4	7	9	8	2	4
1	4	4	5	6	8
8	2	3	2	7	3

(31)	(32)	(33)	(34)	(35)	(36)
5	2	6	7	8	6
2	2	5	2	3	2
9	7	5	4	3	5

3주

➕ 빈칸에 알맞은 수를 써넣으시오.

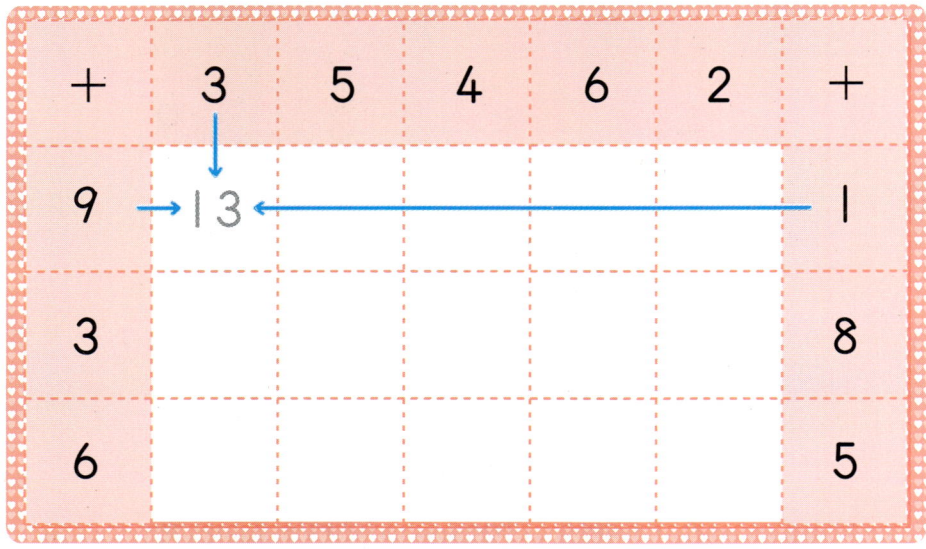

+	3	5	4	6	2	+
9	13					1
3						8
6						5

+	4	3	7	5	6	+
3				13		5
2						7
4						7

 꼭꼭 위쪽, 왼쪽, 오른쪽 줄의 세 수를 더하여 빈칸에 써넣도록 합니다. 지금까지 충분한 연습을 하였으므로 따로 식을 쓰지 말고 암산으로 계산하도록 합니다.

➕ 빈칸에 알맞은 수를 써넣으시오.

+	5	3	6	7	8	+
3						2
2						8
4						5
3				14		4
8						3

세 수의 덧셈

 빈칸에 알맞은 수를 써넣으시오.

+	3	4	6	1	2	+
7	16					6
2						3
4						8
7						1
9						5
5						2

✚ 빈칸에 알맞은 수를 써넣으시오.

2	5	3	4	1	6	3
+3	+4	+5	+2	+1	+3	+2
5						
+5	+3	+4	+1	+3	+4	+3
10						
+4	+1	+2	+3	+4	+1	+4
14						
+2	+3	+1	+2	+3	+2	+3

◆ □안에 알맞은 수를 써넣으시오.

(1)　$2+7+\boxed{}=14$　←9+□=14이므로 □=5입니다.

(2)　$3+\boxed{}+4=16$　←7+□=16이므로 □=9입니다.

(3)　$2+\boxed{}+3=11$　　　(4)　$2+9+\boxed{}=15$

(5)　$2+4+\boxed{}=13$　　　(6)　$3+\boxed{}+7=12$

(7)　$2+\boxed{}+6=11$　　　(8)　$\boxed{}+5+2=15$

(9)　$\boxed{}+5+7=13$　　　(10)　$5+4+\boxed{}=12$

(11)　$8+2+\boxed{}=16$　　　(12)　$3+\boxed{}+3=14$

(13)　$7+\boxed{}+2=13$　　　(14)　$\boxed{}+9+2=14$

 꼭꼭 　왼쪽의 두 수를 더한 후 그 수에 어떤 수를 더하면 주어진 수가 되는지를 질문하고 충분한 학습이 이루어졌으면 스스로 풀 수 있도록 지도합니다.

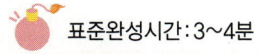

◆ □ 안에 알맞은 수를 써넣으시오.

(15) $4+8+\boxed{}=14$ (16) $\boxed{}+6+5=13$

(17) $3+\boxed{}+9=14$ (18) $2+\boxed{}+3=14$

(19) $\boxed{}+6+3=13$ (20) $8+6+\boxed{}=15$

(21) $1+7+\boxed{}=12$ (22) $\boxed{}+9+4=16$

(23) $9+\boxed{}+3=14$ (24) $2+\boxed{}+5=14$

(25) $\boxed{}+8+2=13$ (26) $4+7+\boxed{}=13$

(27) $6+7+\boxed{}=15$ (28) $\boxed{}+9+2=16$

(29) $5+\boxed{}+4=12$ (30) $7+\boxed{}+4=13$

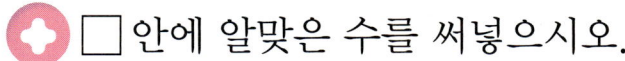 □ 안에 알맞은 수를 써넣으시오.

(1)

$$
\begin{array}{r}
\boxed{} \\
7 \\
+\ 4 \\
\hline
1\ 3
\end{array}
$$

← □+11=13이므로 □=2입니다.

(2)

$$
\begin{array}{r}
1 \\
\boxed{} \\
+\ 7 \\
\hline
1\ 4
\end{array}
$$

(3)

$$
\begin{array}{r}
8 \\
\boxed{} \\
+\ 3 \\
\hline
1\ 5
\end{array}
$$

(4)

$$
\begin{array}{r}
5 \\
8 \\
+\ \boxed{} \\
\hline
1\ 5
\end{array}
$$

(5)

$$
\begin{array}{r}
4 \\
5 \\
+\ \boxed{} \\
\hline
1\ 2
\end{array}
$$

(6)

$$
\begin{array}{r}
\boxed{} \\
3 \\
+\ 5 \\
\hline
1\ 7
\end{array}
$$

(7)

$$
\begin{array}{r}
\boxed{} \\
5 \\
+\ 4 \\
\hline
1\ 2
\end{array}
$$

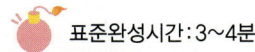
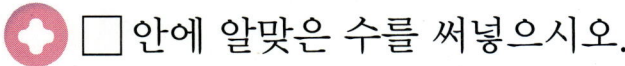

🔹 ☐ 안에 알맞은 수를 써넣으시오.

(8)
```
    ☐
    2
+   5
1   3
```

(9)
```
    ☐
    8
+   4
1   5
```

(10)
```
    3
    ☐
+   5
1   4
```

(11)
```
    3
    ☐
+   8
1   3
```

(12)
```
    5
    2
+   ☐
1   1
```

(13)
```
    2
    7
+   ☐
1   4
```

(14)
```
    ☐
    7
+   2
1   4
```

(15)
```
    ☐
    2
+   4
1   5
```

 **세 수의 뺄셈**

차시	단계	공부한 날	잘 했나요?
37차시	1단계	월 일	😊 🙂 😑 😣
38차시		월 일	😊 🙂 😑 😣
39차시		월 일	😊 🙂 😑 😣
40차시		월 일	😊 🙂 😑 😣
41차시		월 일	😊 🙂 😑 😣
42차시		월 일	😊 🙂 😑 😣
43차시		월 일	😊 🙂 😑 😣
44차시		월 일	😊 🙂 😑 😣
45차시	2단계	월 일	😊 🙂 😑 😣
46차시		월 일	😊 🙂 😑 😣
47차시	3단계	월 일	😊 🙂 😑 😣
48차시		월 일	😊 🙂 😑 😣

틀린 개수가

0~1 개면 😊 (아주 잘함)에, 2~3 개이면 🙂 (잘함)에,

4~5 개면 😑 (보통)에, 6개 이상이면 😣 (노력 바람)에 색칠해 주세요.

학습목표 받아내림이 있는 세 수의 뺄셈을 여러 가지 방법으로 해결하고 뺄셈의 기초를 다집니다.

이 풍선들로
풍선 터트리기
놀이를 하자.

풍선 12개를
놀이공원에서
가져왔어.

이번에는 내가
4개를 터트렸어.

그래. 내가 12개에서
5개를 터트렸어.

그럼 풍선이 몇 개 남지?
계산해 보자.

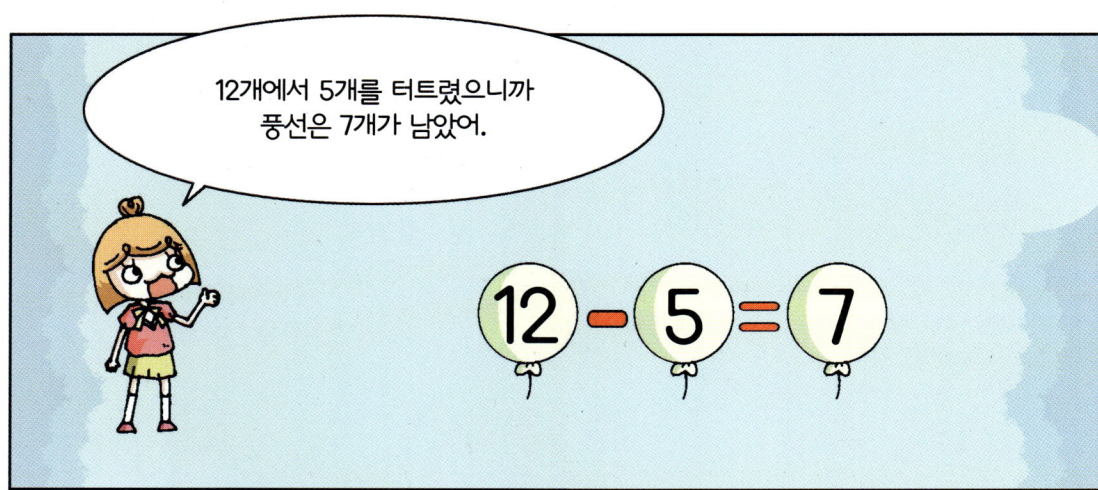

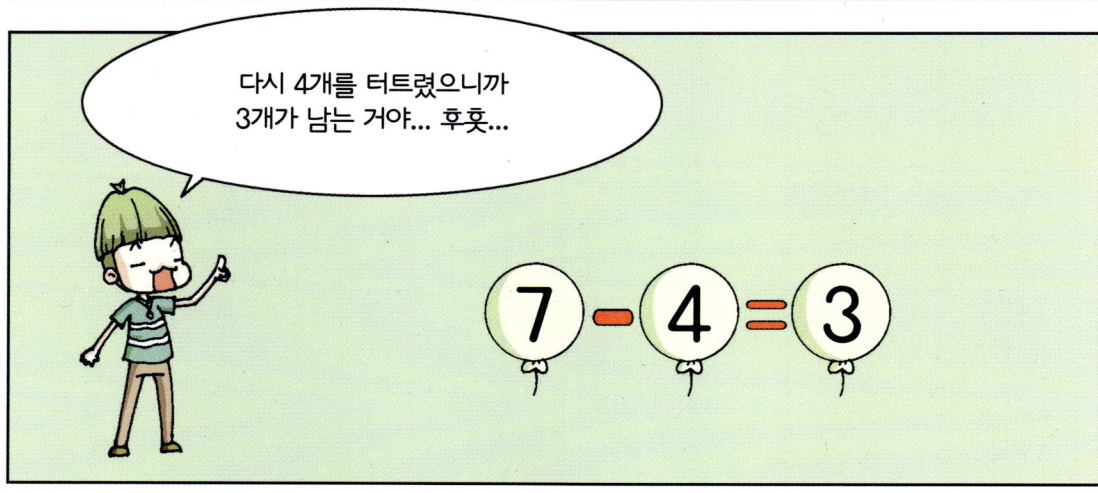

이걸 하나의 식으로 나타내면
12 − 5 − 4 = 7 − 4 = 3
으로 나타낼 수 있다구!

그런데 12-5-4를 순서를 바꿔서 계산해도 될까?

안 돼.
세 수의 뺄셈은 순서를 바꾸면 답이 틀려.

$$12 - 5 - 4 = 7 - 4 = 3\,(\bigcirc)$$

①
②

$$12 - 5 - 4 = 12 - 1 = 11\,(\times)$$

①
②

4 주

그렇구나.
세 수의 뺄셈은 반드시 앞에서부터 차례로 계산해야 겠구나.

➕ 뺄셈을 하시오.

(1) $11-2-3=9-3=\boxed{}$

            ①   ① $11-2=9$
            ②   ② $9-3=6$

(2) $12-5-4=7-4=\boxed{}$

(3) $13-2-5=11-5=\boxed{}$

(4) $12-2-3=$ (5) $12-3-4=$

(6) $13-3-3=$ (7) $13-5-2=$

(8) $11-4-3=$ (9) $11-3-2=$

(10) $14-7-2=$ (11) $14-5-4=$

(12) $16-2-5=$ (13) $16-4-4=$

(14) $15-5-3=$ (15) $15-6-2=$

꼭꼭   세 수의 뺄셈은 반드시 앞에서부터 두 수씩 차례대로 계산합니다.

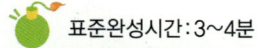

 뺄셈을 하시오.

(16) $13-8-2=$　　　(17) $11-4-2=$

(18) $12-2-4=$　　　(19) $16-7-2=$

(20) $14-3-2=$　　　(21) $13-3-5=$

(22) $15-6-3=$　　　(23) $12-4-3=$

(24) $17-5-4=$　　　(25) $16-5-4=$

(26) $13-5-2=$　　　(27) $12-6-1=$

(28) $11-3-5=$　　　(29) $14-7-2=$

(30) $15-4-4=$　　　(31) $13-4-6=$

(32) $12-1-5=$　　　(33) $15-1-9=$

❀ 뺄셈을 하시오.

(1) $14-5-2=9-2=$
14에서 5를 빼면 9, 9에서 2를 빼면 7입니다.

(2) $12-7-4=5-4=$
12에서 7을 빼면 5, 5에서 4를 빼면 1입니다.

(3) $11-2-3=$ (4) $13-1-5=$

(5) $14-3-4=$ (6) $15-7-2=$

(7) $12-3-2=$ (8) $16-5-3=$

(9) $13-6-1=$ (10) $11-3-3=$

(11) $15-2-5=$ (12) $14-5-3=$

(13) $14-7-5=$ (14) $12-2-2=$

(15) $11-2-1=$ (16) $16-2-5=$

(17) $12-2-4=$ (18) $13-2-2=$

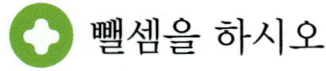 뺄셈을 하시오.

(19) $11-2-2=$

(20) $13-1-5=$

(21) $12-9-1=$

(22) $14-2-3=$

(23) $15-6-3=$

(24) $16-6-1=$

(25) $13-1-4=$

(26) $12-2-1=$

(27) $14-7-4=$

(28) $15-3-5=$

(29) $16-7-2=$

(30) $11-5-2=$

(31) $11-7-2=$

(32) $13-5-2=$

(33) $12-3-4=$

(34) $14-2-4=$

(35) $15-2-4=$

(36) $12-3-3=$

➕ 뺄셈을 하시오.

(1) $13-1-8=12-8=\boxed{}$

  ① ②

(2) $14-6-7=8-7=\boxed{}$

  ① ②

(3) $12-3-6=$

(4) $16-4-3=$

(5) $11-2-6=$

(6) $12-3-5=$

(7) $15-4-4=$

(8) $13-5-3=$

(9) $15-6-2=$

(10) $11-7-1=$

(11) $14-3-4=$

(12) $13-4-3=$

(13) $13-5-2=$

(14) $12-4-2=$

(15) $16-3-4=$

(16) $13-3-2=$

 꼭꼭 세 수의 뺄셈은 반드시 앞에서부터 두 수씩 차례대로 계산합니다.

➕ 뺄셈을 하시오.

(17) 11−4−5＝   (18) 13−1−8＝

(19) 14−1−7＝   (20) 12−3−6＝

(21) 15−6−2＝   (22) 11−1−5＝

(23) 12−4−4＝   (24) 15−3−5＝

(25) 13−4−3＝   (26) 14−5−2＝

(27) 11−1−6＝   (28) 15−2−4＝

(29) 14−1−4＝   (30) 15−3−3＝

(31) 12−5−1＝   (32) 13−4−2＝

(33) 16−3−4＝   (34) 12−4−7＝

4주

 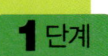
➕ 뺄셈을 하시오.

(1) $14-2-6=12-6=$

14에서 2를 빼면 12, 12에서 6을 빼면 6입니다.

(2) $15-5-2=10-2=$

15에서 5를 빼면 10, 10에서 2를 빼면 8입니다.

(3) $12-4-2=$

(4) $17-9-2=$

(5) $13-4-1=$

(6) $16-2-5=$

(7) $17-4-4=$

(8) $14-5-1=$

(9) $15-8-2=$

(10) $12-1-5=$

(11) $16-5-3=$

(12) $13-7-2=$

(13) $14-1-8=$

(14) $15-4-2=$

(15) $12-4-7=$

(16) $15-2-6=$

(17) $15-3-4=$

(18) $13-3-1=$

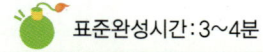

빼셈을 하시오.

(19) $12-8-1=$ (20) $11-3-1=$

(21) $13-2-5=$ (22) $15-8-4=$

(23) $14-5-3=$ (24) $17-3-8=$

(25) $16-4-3=$ (26) $12-3-5=$

(27) $11-3-3=$ (28) $13-5-4=$

(29) $15-2-7=$ (30) $14-3-2=$

(31) $16-9-1=$ (32) $12-4-5=$

(33) $13-7-6=$ (34) $15-3-4=$

(35) $14-4-4=$ (36) $11-1-2=$

✿ 뺄셈을 하시오.

(1)

	1	2
−		5
−		4

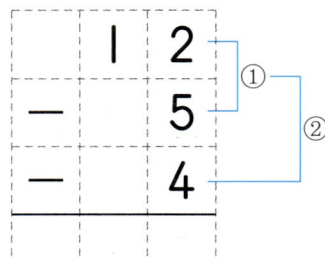

① 12−5=7
② 7−4=3

(2)

	1	6
−		7
−		4

(3)

	1	3
−		4
−		3

(4)

	1	5
−		6
−		2

(5)

	1	4
−		2
−		3

(6)

	1	1
−		3
−		5

(7)

	1	3
−		5
−		1

뺄셈을 하시오.

(8)
```
    1 1
 -    2
 -    5
───────
```

(9)
```
    1 3
 -    3
 -    4
───────
```

(10)
```
    1 2
 -    6
 -    1
───────
```

(11)
```
    1 5
 -    2
 -    7
───────
```

(12)
```
    1 4
 -    2
 -    4
───────
```

(13)
```
    1 2
 -    1
 -    5
───────
```

(14)
```
    1 5
 -    7
 -    2
───────
```

(15)
```
    1 1
 -    2
 -    4
───────
```

✤ 뺄셈을 하시오.

(1)
```
   1 3
 -   2
 -   2
```

(2)
```
   1 5
 -   6
 -   2
```

(3)
```
   1 4
 -   1
 -   5
```

(4)
```
   1 5
 -   3
 -   4
```

(5)
```
   1 1
 -   3
 -   5
```

(6)
```
   1 6
 -   7
 -   2
```

(7)
```
   1 3
 -   2
 -   3
```

(8)
```
   1 4
 -   5
 -   2
```

➕ 뺄셈을 하시오.

(9)
```
   1 3
 -   4
 -   2
─────────
```

(10)
```
   1 4
 -   7
 -   2
─────────
```

(11)
```
   1 1
 -   5
 -   4
─────────
```

(12)
```
   1 2
 -   3
 -   4
─────────
```

(13)
```
   1 3
 -   2
 -   2
─────────
```

(14)
```
   1 4
 -   5
 -   2
─────────
```

(15)
```
   1 1
 -   4
 -   1
─────────
```

(16)
```
   1 6
 -   8
 -   3
─────────
```

43 차시 세 수의 뺄셈   1 단계

🍀 세 수의 뺄셈을 하시오.

(1)	(2)	(3)	(4)	(5)	(6)
1 2 − 5 − 1	1 2 − 2 − 3	1 1 − 2 − 5	1 4 − 3 − 4	1 3 − 1 − 5	1 2 − 2 − 5

(7)	(8)	(9)	(10)	(11)	(12)
1 4 − 7 − 1	1 1 − 3 − 6	1 3 − 5 − 2	1 2 − 4 − 3	1 5 − 1 − 8	1 2 − 3 − 5

(13)	(14)	(15)	(16)	(17)	(18)
1 2 − 3 − 8	1 1 − 3 − 4	1 3 − 6 − 3	1 2 − 4 − 1	1 3 − 5 − 1	1 2 − 3 − 3

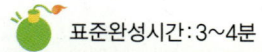
✿ 세 수의 뺄셈을 하시오.

(19)	(20)	(21)	(22)	(23)	(24)
1 7 − 4 − 5	1 4 − 5 − 2	1 3 − 5 − 2	1 2 − 2 − 6	1 5 − 8 − 1	1 4 − 2 − 3

(25)	(26)	(27)	(28)	(29)	(30)
1 3 − 1 − 4	1 5 − 4 − 2	1 6 − 7 − 2	1 4 − 5 − 1	1 1 − 2 − 4	1 2 − 6 − 2

(31)	(32)	(33)	(34)	(35)	(36)
1 1 − 3 − 5	1 2 − 2 − 1	1 3 − 4 − 3	1 4 − 2 − 4	1 1 − 4 − 5	1 2 − 4 − 3

 4주

✚ 세 수의 뺄셈을 하시오.

(1)	(2)	(3)	(4)	(5)	(6)
1 4 − 2 − 4	1 3 − 3 − 1	1 7 − 3 − 5	1 2 − 3 − 4	1 8 − 5 − 6	1 1 − 2 − 4

(7)	(8)	(9)	(10)	(11)	(12)
1 9 − 5 − 8	1 4 − 6 − 4	1 6 − 8 − 1	1 5 − 4 − 4	1 2 − 6 − 2	1 3 − 4 − 5

(13)	(14)	(15)	(16)	(17)	(18)
1 9 − 2 − 8	1 3 − 8 − 1	1 6 − 4 − 4	1 2 − 3 − 1	1 1 − 5 − 2	1 6 − 7 − 2

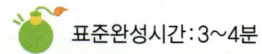 세 수의 뺄셈을 하시오.

(19)	(20)	(21)	(22)	(23)	(24)
1 1 − 6 − 2	1 5 − 5 − 3	1 6 − 4 − 6	1 7 − 6 − 9	1 8 − 5 − 5	1 9 − 2 − 8

(25)	(26)	(27)	(28)	(29)	(30)
1 2 − 4 − 3	1 1 − 2 − 1	1 5 − 8 − 2	1 6 − 3 − 9	1 7 − 5 − 6	1 9 − 6 − 4

(31)	(32)	(33)	(34)	(35)	(36)
1 2 − 3 − 5	1 4 − 2 − 6	1 3 − 9 − 1	1 6 − 1 − 7	1 5 − 6 − 6	1 7 − 4 − 8

45 차시 세 수의 뺄셈

➕ 빈칸에 알맞은 수를 써넣으시오.

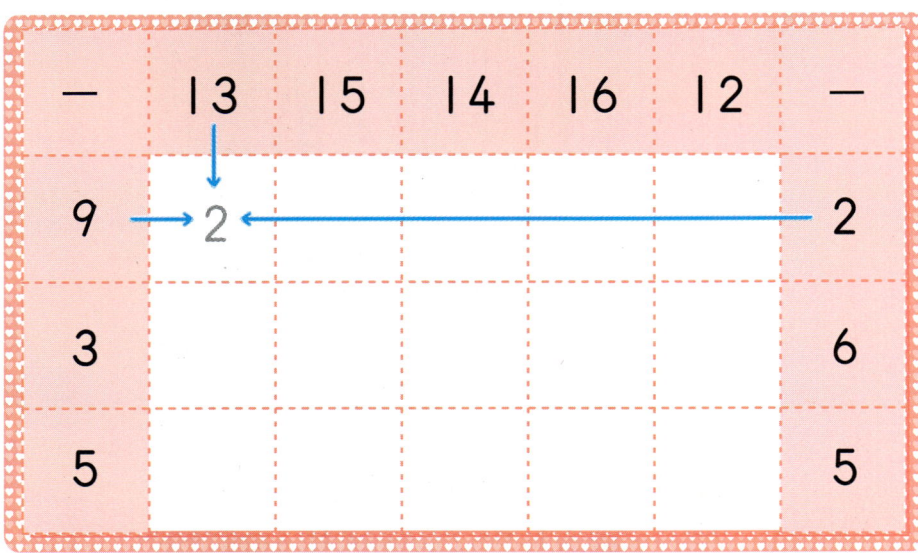

−	13	15	14	16	12	−
9	2					2
3						6
5						5

−	14	13	17	15	16	−
3				8		4
1						8
6						4

 꼭 꼭 가로줄에 있는 수에서 왼쪽과 오른쪽 줄에 있는 수를 뺀 차를 빈칸에 써넣도록 합니다. 지금까지 충분한 연습을 하였으므로 따로 식을 쓰지 말고 암산으로 계산하도록 합니다.

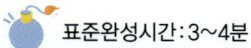

⬤ 빈칸에 알맞은 수를 써넣으시오.

−	15	13	16	17	14	−
3						2
2						9
7						5
6				7		4
8						3

 빈칸에 알맞은 수를 써넣으시오.

−	19	18	16	14	17	−
7	6					6
2						3
3						9
8						2
1						7
5						2

빈칸에 알맞은 수를 써넣으시오.

17	15	19	14	18	16	13
−3	−4	−5	−2	−1	−3	−2
14						
−5	−3	−4	−1	−3	−4	−3
9						
−4	−1	−2	−3	−4	−1	−4
5						
−2	−3	−1	−2	−3	−4	−3

4주

47_{차시} 세 수의 뺄셈 **3**단계

✚ □ 안에 알맞은 수를 써넣으시오.

(1) $14-5-\boxed{}=7$ ← $9-\square=7$이므로 $\square=2$입니다.

(2) $12-\boxed{}-7=1$ ← $5-\square=1$이므로 $\square=4$입니다.

(3) $11-2-\boxed{}=6$ (4) $13-\boxed{}-5=7$

(5) $14-3-\boxed{}=7$ (6) $15-\boxed{}-2=6$

(7) $12-3-\boxed{}=7$ (8) $16-\boxed{}-3=8$

(9) $13-6-\boxed{}=6$ (10) $11-\boxed{}-3=5$

(11) $15-2-\boxed{}=8$ (12) $14-\boxed{}-3=6$

(13) $14-6-\boxed{}=5$ (14) $12-\boxed{}-2=8$

꼭꼭 왼쪽의 두 수의 차를 구한 후 그 수에서 어떤 수를 빼면 주어진 수가 되는지를 질문하고 충분한 학습이 이루어졌으면 스스로 풀 수 있도록 지도합니다.

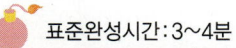

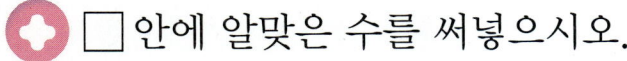

○ □ 안에 알맞은 수를 써넣으시오.

(15) $11 - 1 - \boxed{} = 8$ (16) $13 - \boxed{} - 5 = 7$

(17) $12 - 9 - \boxed{} = 2$ (18) $14 - \boxed{} - 3 = 9$

(19) $15 - 6 - \boxed{} = 6$ (20) $16 - \boxed{} - 1 = 9$

(21) $13 - 1 - \boxed{} = 9$ (22) $12 - \boxed{} - 3 = 7$

(23) $14 - 7 - \boxed{} = 3$ (24) $15 - \boxed{} - 5 = 5$

(25) $16 - 7 - \boxed{} = 7$ (26) $11 - \boxed{} - 2 = 4$

(27) $11 - 7 - \boxed{} = 2$ (28) $13 - \boxed{} - 2 = 6$

(29) $12 - 3 - \boxed{} = 5$ (30) $14 - \boxed{} - 4 = 8$

4주

48차시   세 수의 뺄셈   **3**단계

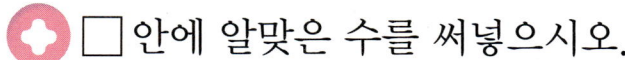

❏ 안에 알맞은 수를 써넣으시오.

(1)

$$
\begin{array}{r}
1\ 3 \\
-\quad 2 \\
-\quad \square \\
\hline
9
\end{array}
$$

← 13 - 2 - □ = 11 - □ = 9이므로 □ = 2입니다.

(2)

$$
\begin{array}{r}
1\ 4 \\
-\quad 1 \\
-\quad \square \\
\hline
8
\end{array}
$$

(3)

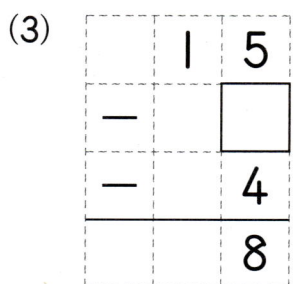

(4)

$$
\begin{array}{r}
1\ 1 \\
-\quad 3 \\
-\quad \square \\
\hline
3
\end{array}
$$

(5)

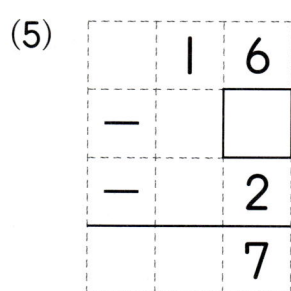

(6)

$$
\begin{array}{r}
1\ 3 \\
-\quad 2 \\
-\quad \square \\
\hline
8
\end{array}
$$

(7)

$$
\begin{array}{r}
1\ 4 \\
-\quad \square \\
-\quad 2 \\
\hline
7
\end{array}
$$

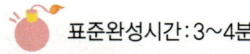

✿ □ 안에 알맞은 수를 써넣으시오.

(8)
```
   1 3
 -   4
 -   □
 ─────
     7
```

(9)
```
   1 4
 -   7
 -   □
 ─────
     5
```

(10)
```
   1 1
 -   □
 -   4
 ─────
     2
```

(11)
```
   1 2
 -   □
 -   4
 ─────
     5
```

(12)
```
   1 □
 -   2
 -   2
 ─────
     9
```
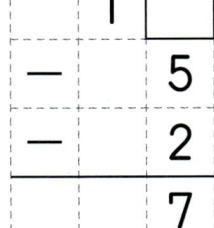

(13)
```
   1 □
 -   5
 -   2
 ─────
     7
```

(14)
```
   1 2
 -   6
 -   □
 ─────
     3
```
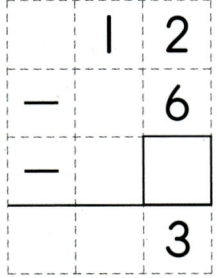

(15)
```
   1 6
 -   8
 -   □
 ─────
     5
```
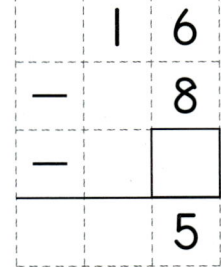

➕ 계산을 하시오.

(1) $11-4=$

(2) $14-9=$

(3) $13-6=$

(4) $12-4=$

(5) $14-6=$

(6) $11-7=$

(7) $13-5=$

(8) $14-5=$

(9) $12-7=$

(10) $13-9=$

(11) $14-7=$

(12) $15-7=$

(13) $11-6=$

(14) $11-3=$

(15) $13-7=$

(16) $12-5=$

(17) $12-6=$

(18) $13-4=$

(19) $11-8=$

(20) $14-8=$

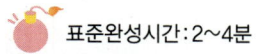
 표준완성시간 : 2~4분

채점을 하고, 틀린 개수에 맞게 ○하세요.

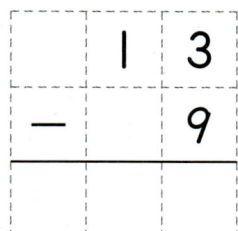

(21)
```
    1  3
  -    9
  ‾‾‾‾‾‾‾
```

(22)
```
    1  5
  -    8
  ‾‾‾‾‾‾‾
```

(23)
```
    1  6
  -    9
  ‾‾‾‾‾‾‾
```

(24)
```
    1  7
  -    9
  ‾‾‾‾‾‾‾
```

(25)
```
    1  3
  -    6
  ‾‾‾‾‾‾‾
```

(26)
```
    1  5
  -    9
  ‾‾‾‾‾‾‾
```

(27)
```
    1  4
  -    7
  ‾‾‾‾‾‾‾
```

(28)
```
    1  3
  -    8
  ‾‾‾‾‾‾‾
```

(29)
```
    1  4
  -    8
  ‾‾‾‾‾‾‾
```

(30)
```
    1  5
  -    7
  ‾‾‾‾‾‾‾
```

(31)
```
    1  4
  -    5
  ‾‾‾‾‾‾‾
```

(32)
```
    1  6
  -    8
  ‾‾‾‾‾‾‾
```

(33)
```
    1  1
  -    8
  ‾‾‾‾‾‾‾
```

(34)
```
    1  2
  -    8
  ‾‾‾‾‾‾‾
```

(35)
```
    1  4
  -    6
  ‾‾‾‾‾‾‾
```

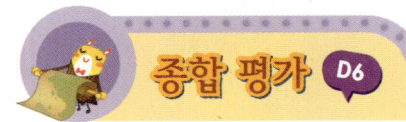
(36) $4+7+2=$

(37) $11-3-1=$

(38) $3+2+8=$

(39) $15-8-4=$

(40) $4+7+3=$

(41) $17-3-8=$

(42) $2+7+4=$

(43) $12-3-5=$

(44) $7+2+3=$

(45) $13-2-5=$

(46) $3+6+2=$

(47) $14-3-2=$

(48) $6+7+2=$

(49) $12-4-5=$

(50) $5+3+4=$

(51) $15-3-4=$

(52) $3+6+4=$

(53) $11-1-2=$

(54) $2+4+7=$

(55) $15-3-2=$

정답 및 지도서

자르는 선을 따라 잘라 보관하여, 채점할 때 사용하세요.

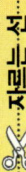

1주 (십 몇)−(한 자리 수) 1

지도 방법

① 받아내림이 있는 뺄셈입니다. 어려워하지 않도록 가르기와 모으기 활동으로 쉽게 설명하도록 합니다.

② 앞에서 배운 내용을 잘 모를 경우, 이해에 어려움이 있을 수 있습니다. 확인한 후 학습을 진행하도록 합니다.

③ 두 수로 가르기, 10에서 빼기와 보수 관계 등에 대해 정리한 후, 들어가면 학습 효율을 높일 수 있습니다.

④ 되도록 많은 다양한 문제를 풀어 보도록 하는 것이 실력을 쌓는 데 도움을 줍니다.

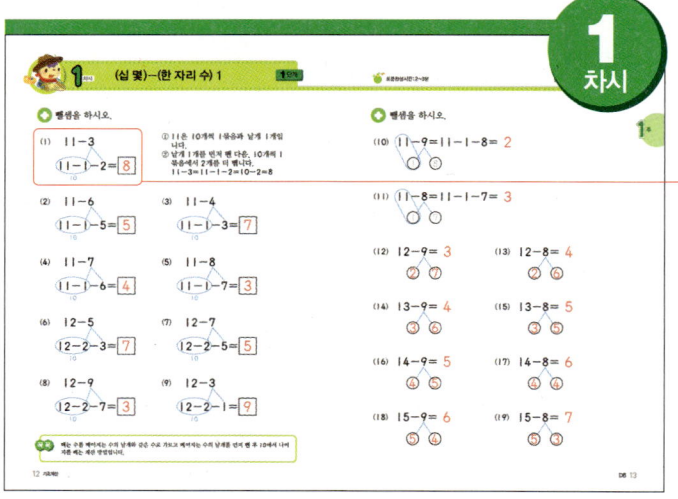

1차시

12~13쪽

빼는 수를 빼어지는 수의 낱개와 같은 수로 가르기 하는 계산 방법입니다.

$$11-3=11-1-2$$
$$=10-2=8$$

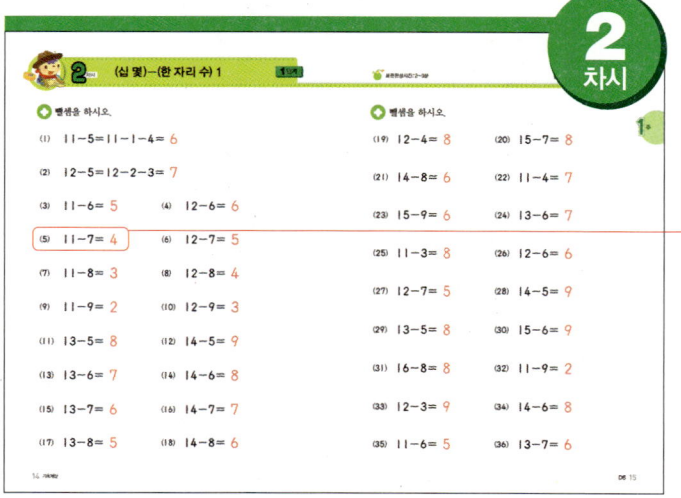

2차시

14~15쪽

빼는 수를 빼어지는 수의 낱개와 같은 수로 가르고 빼어지는 수의 낱개를 먼저 뺀 후 10에서 나머지를 빼는 계산 방법입니다.

$$11-7=11-1-6$$
$$=10-6=4$$

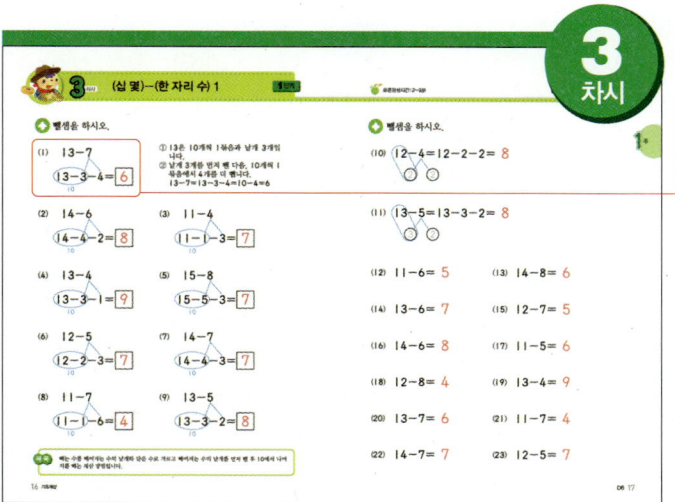

▶ 13−7=13−3−4
　　 =10−4=6
10에서 나머지를 뺄 때에는 10
의 보수를 이용합니다.

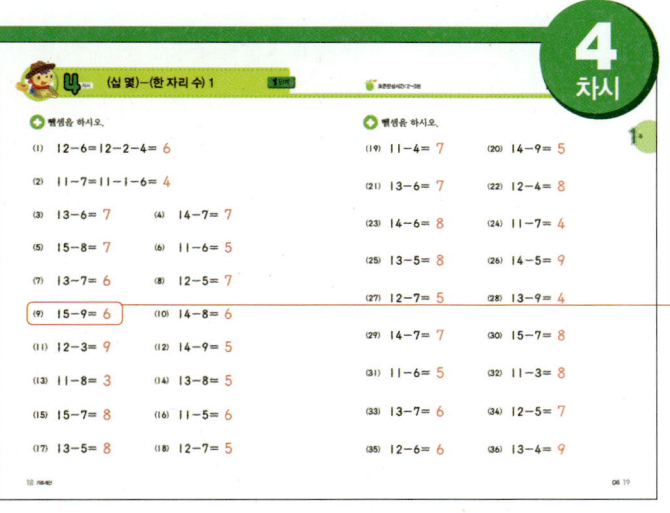

▶ 15−9=15−5−4
　　 =10−4=6
위의 과정을 쓰지 않고 머릿속으
로 그려 해결할 수 있도록 합니다.

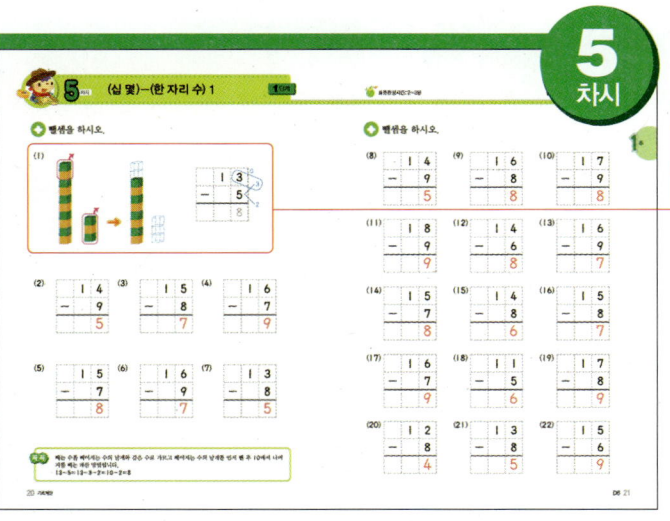

▶ 세로셈의 계산도 가로셈과 같은
방법으로 계산합니다.
13−5=13−3−2
　　 =10−2=8

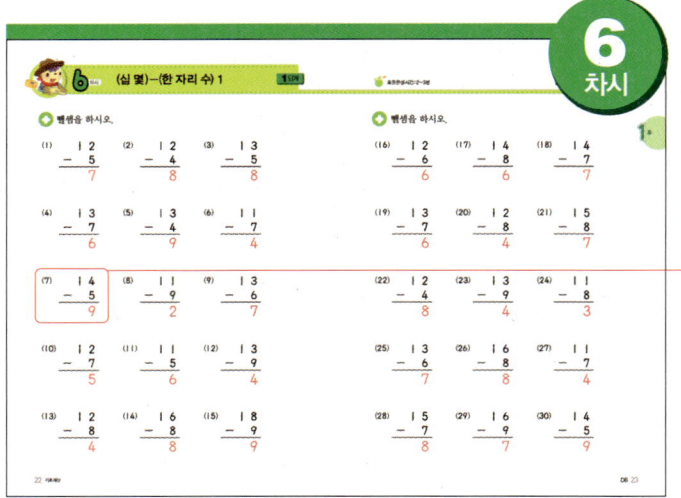

22~23쪽

$$14-5=14-4-1$$
$$=10-1$$
$$=9$$

계산한 답을 자리에 맞게 쓸 수 있도록 지도합니다.

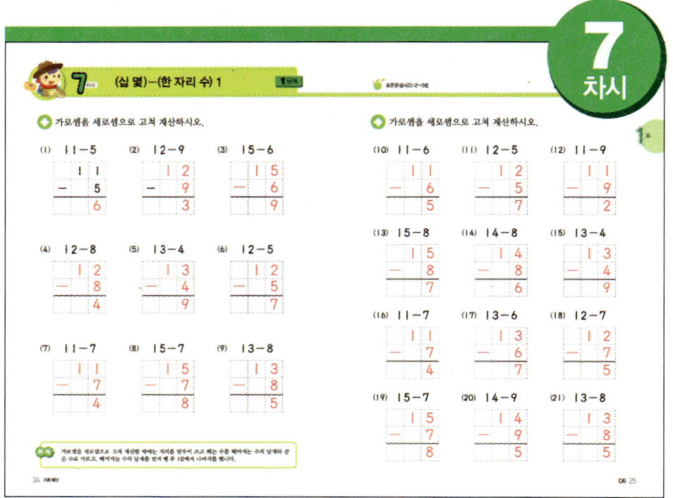

24~25쪽

(십 몇)—(한 자리 수)의 세로셈에 익숙해지도록 주어진 가로셈을 줄을 잘 맞추어 세로셈으로 직접 써 가며 답을 구하도록 합니다.

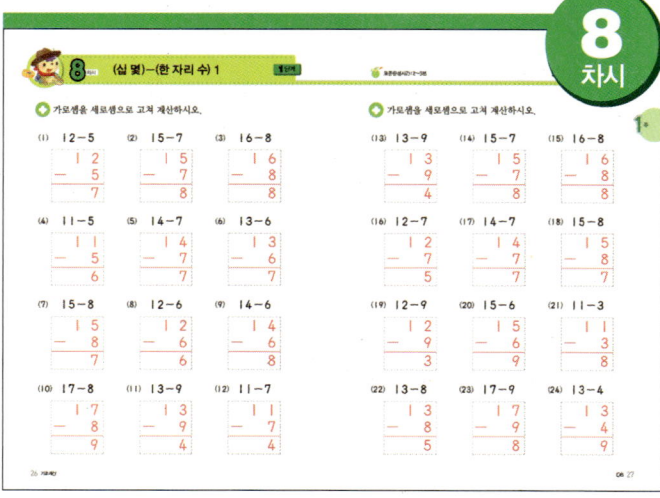

26~27쪽

(십 몇)—(한 자리 수)의 세로셈에 익숙해졌으므로 주어진 가로셈을 줄을 잘 맞추어 세로셈으로 직접 써 가며 답을 구하도록 합니다.

28~29쪽

가로줄에 있는 수에서 세로줄에 있는 수를 뺀 차를 빈칸에 써넣도록 합니다. 지금까지 충분한 연습을 하였으므로 따로 식을 쓰지 말고 암산으로 계산하도록 합니다.

30~31쪽

왼쪽에서 오른쪽으로, 위에서 아래로 차근차근 계산하도록 합니다.

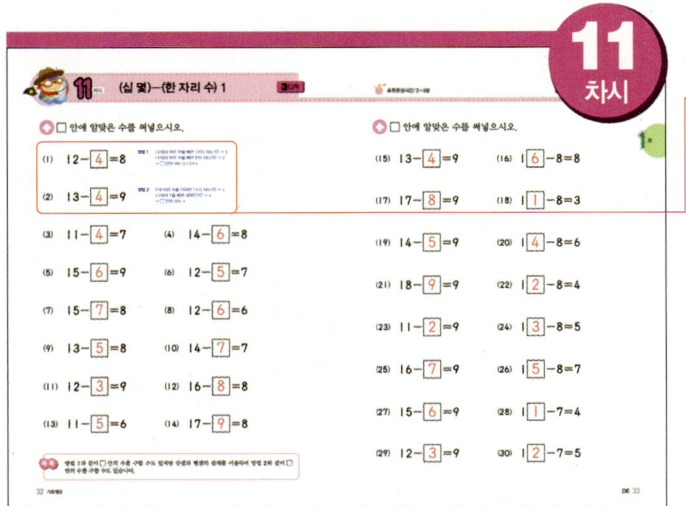

32~33쪽

방법 1과 같이 □ 안의 수를 구할 수도 있지만 덧셈과 뺄셈의 관계를 이용하여 방법 2와 같이 □ 안의 수를 구할 수도 있습니다.

12
차시

34~35쪽

맨 윗줄부터 바로 계산할 수 없으므로 계산할 수 있는 곳이 어디인지 잘 살펴본 후 계산할 수 있는 곳부터 차례대로 계산하도록 합니다.

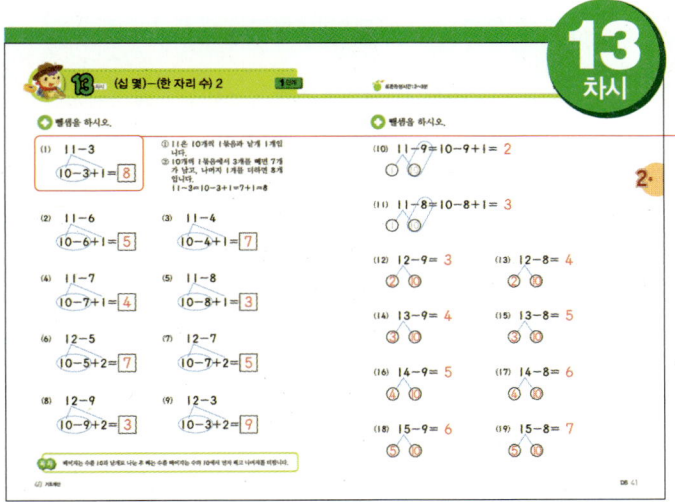

정답 및 지도서 D6

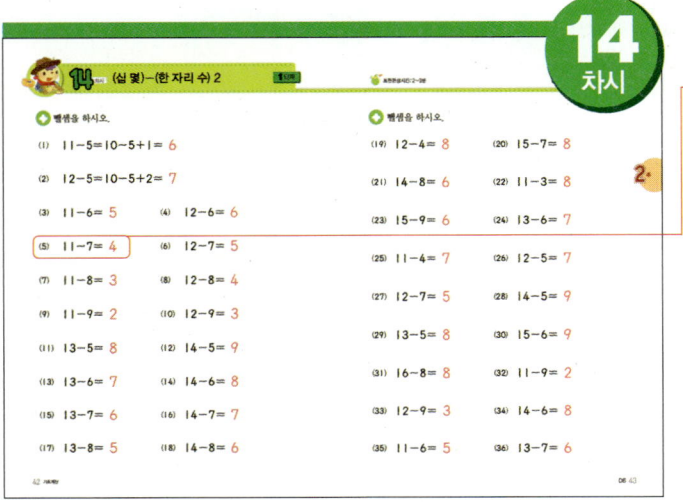

2주 (십 몇)−(한 자리 수) 2

지도 방법

❶ D6 1주와 계산 원리는 같으나 방법이 조금 다릅니다. 1주와 2주의 차이점을 아이 스스로 찾아보게 하면서 진행합니다.

❷ 마찬가지로 선행 학습이 충분히 이루어져 있지 않으면 학습이 곤란하므로 확인 학습 후에 들어가도록 합니다.

❸ 수시로 질문을 통해 얼마나 이해했는지 파악하여 소홀히 학습하는 일이 없어야 합니다.

❹ 두 수의 뺄셈을 계산하는 또 다른 방법을 찾아보게 하면서 학습합니다.

13차시

40~41쪽

▶ 빼어지는 수를 10과 낱개로 나누어 계산하는 방법입니다.
$$11-3=10+1-3$$
$$=10-3+1$$
$$=7+1=8$$

14차시

42~43쪽

▶ 빼어지는 수를 10과 낱개로 나눈 후 빼는 수를 빼어지는 수의 10에서 먼저 빼고 나머지를 더합니다.
$$11-7=10+1-7$$
$$=10-7+1$$
$$=3+1=4$$

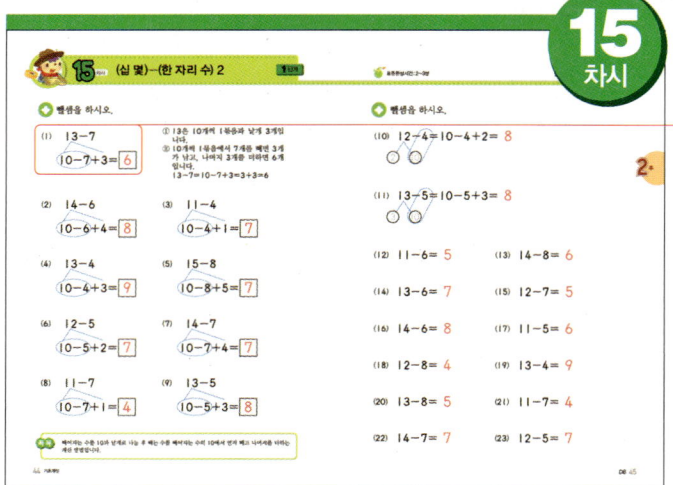

44~45쪽

▶ 10에서 어떤 수를 뺄 때에는 10
의 보수 관계를 이용합니다.
$$13-7=10+3-7$$
$$\qquad =10-7+3$$
$$\qquad =3+3=6$$

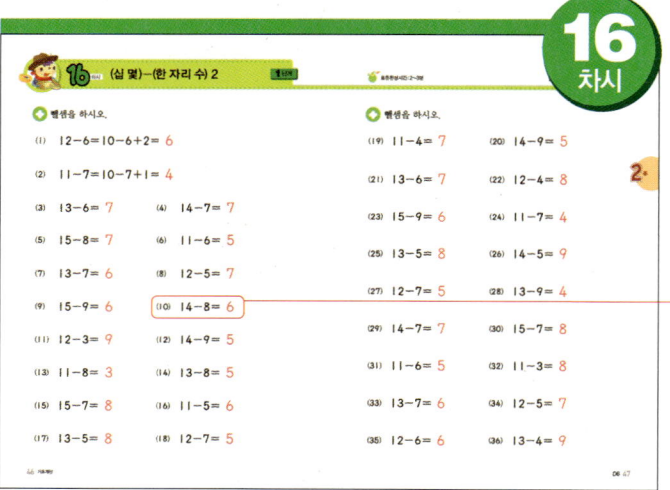

46~47쪽

▶ $$14-8=10+4-8$$
$$\qquad =10-8+4$$
$$\qquad =2+4=6$$
충분히 연습하였으므로 암산으
로 계산할 수 있도록 합니다.

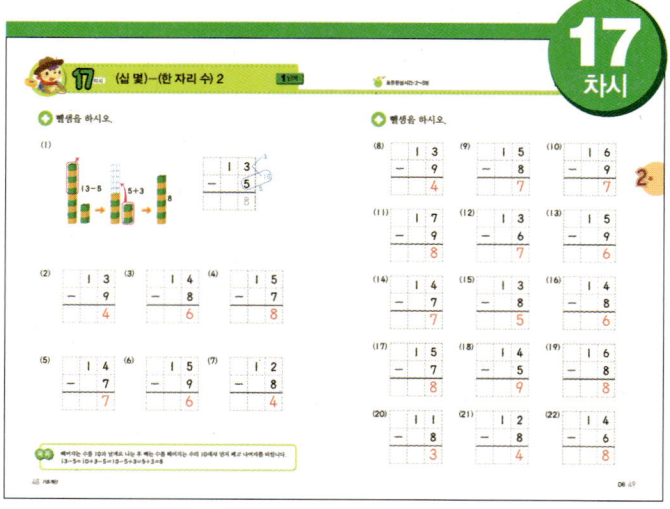

48~49쪽

세로셈의 계산도 가로셈의 계산
과 같은 방법입니다.

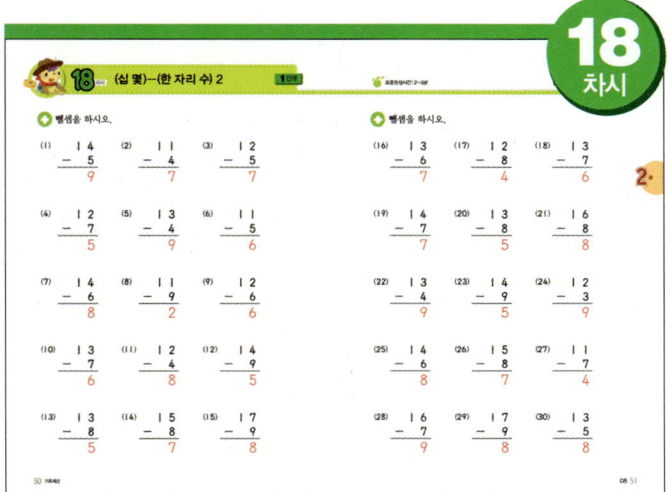

빼어지는 수를 10과 낱개로 나눈 후 빼는 수를 빼어지는 수의 10에서 먼저 빼고 나머지를 더합니다. 이때 충분히 연습이 되면 조금씩 빨리 답을 써 보도록 합니다.

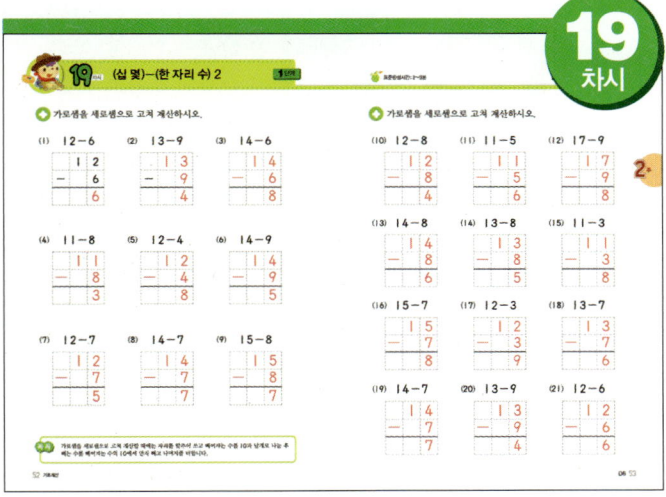

가로셈을 세로셈으로 고쳐 계산할 때에는 자리를 맞추어 쓰고 빼어지는 수를 10과 낱개로 나눈 후 10에서 먼저 빼고 나머지를 더합니다.

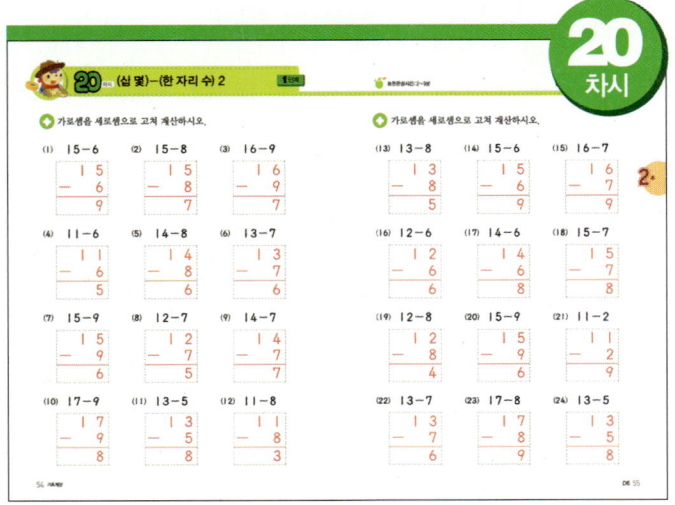

가로셈을 세로셈으로 고쳐 계산할 때에는 자리를 잘 맞추어 쓴 후 계산하도록 합니다.

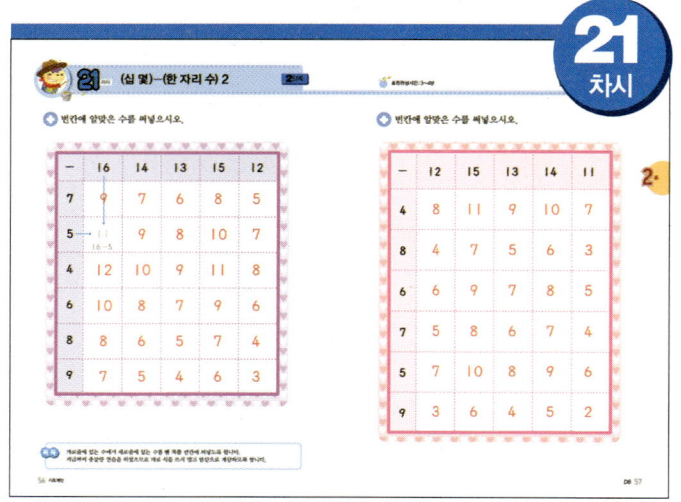

21차시

56~57쪽

가로줄에 있는 수에서 세로줄에 있는 수를 뺀 차를 빈칸에 써넣도록 합니다.

22차시

58~59쪽

왼쪽에서 오른쪽으로, 위에서 아래로 차례로 차근차근 계산하도록 합니다. 이때 서둘러 계산하다 자칫 중간의 답이 틀릴 경우 그 아래의 답도 틀리게 되므로 주의하도록 합니다.

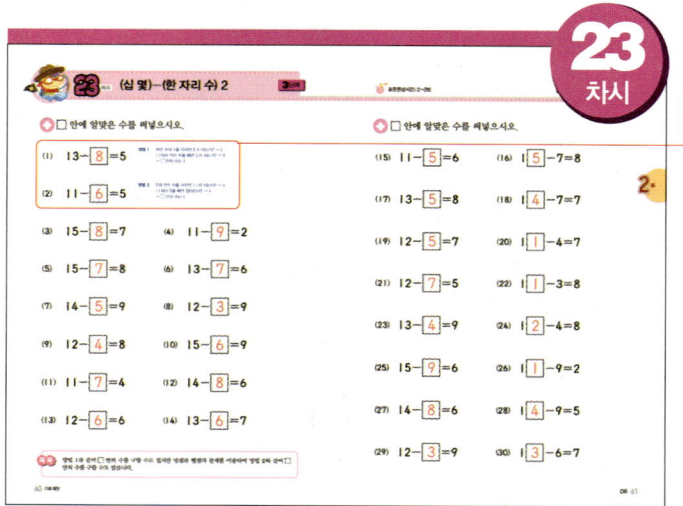

23차시

60~61쪽

방법 1과 같이 □ 안의 수를 구할 수도 있지만 덧셈과 뺄셈의 관계를 이용하여 **방법 2**와 같이 □안의 수를 구할 수도 있습니다.

맨 윗줄부터 바로 계산할 수 없으므로 계산할 수 있는 곳이 어디인지 잘 살펴본 후 계산할 수 있는 곳부터 차례대로 계산하도록 합니다.

정답 및 지도서 D6

③주 세 수의 덧셈

지도 방법

① 두 수의 합이 10이 되는 세 수의 덧셈을 기초로 하여 세 수의 덧셈을 학습하게 됩니다. 앞의 내용에 대한 확인 후 본 내용을 익히도록 합니다.

② 세 수의 덧셈은 더하는 순서에 관계없이 계산할 수 있습니다. 여러 문제를 다양한 방법으로 풀면서 자신에게 편리한 방법을 찾아낼 수 있도록 지도합니다.

③ 어려워하거나 답을 주저하는 경우 선행 학습이 잘 이루어진 상태인지 질문을 통하여 체크해 보도록 합니다.

④ 많은 문제를 풀면서 숙달되면 암산으로 답을 쓸 수 있도록 합니다.

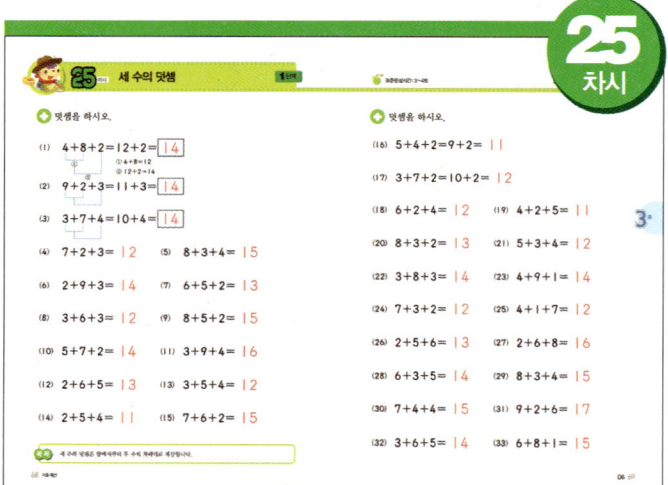

25차시

68 ~ 69쪽

세 수의 덧셈은 계산 순서에 관계없이 값이 일정하나 앞에서부터 두 수씩 차례로 계산하도록 지도합니다.

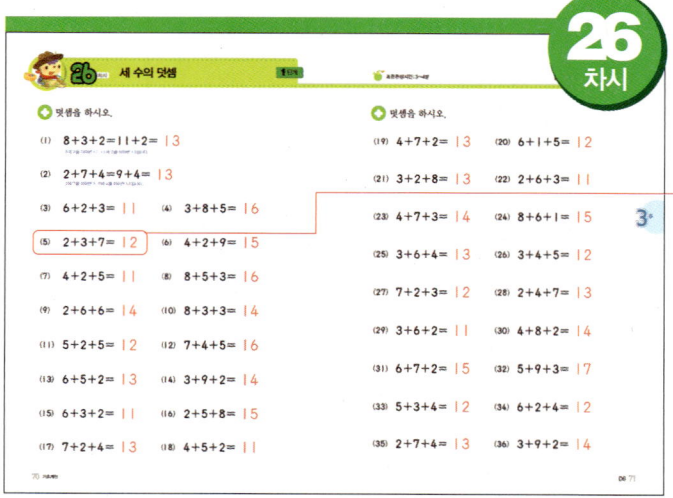

26차시

70 ~ 71쪽

세 수의 덧셈은 앞에서부터 두 수씩 차례로 계산합니다. 이때, 앞의 두 수가 아닌 다른 두 수의 합이 10인 경우가 있으면 10이 되는 두 수를 더한 후 나머지 수를 더해도 좋습니다.

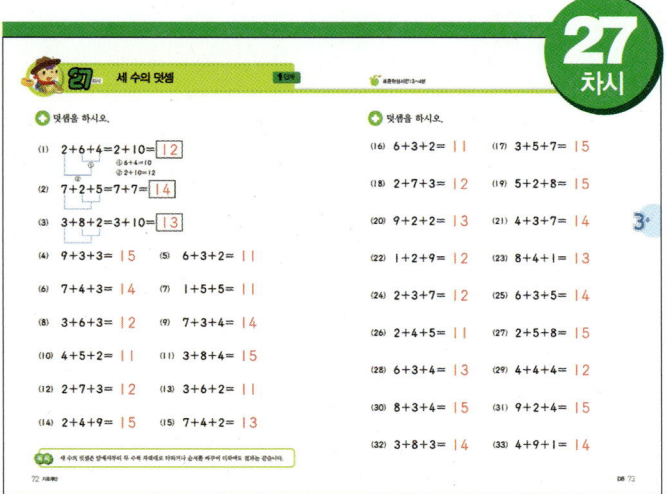

세 수의 덧셈은 앞에서부터 두 수씩 차례로 더하거나 순서를 바꾸어 더하여도 결과는 같습니다.

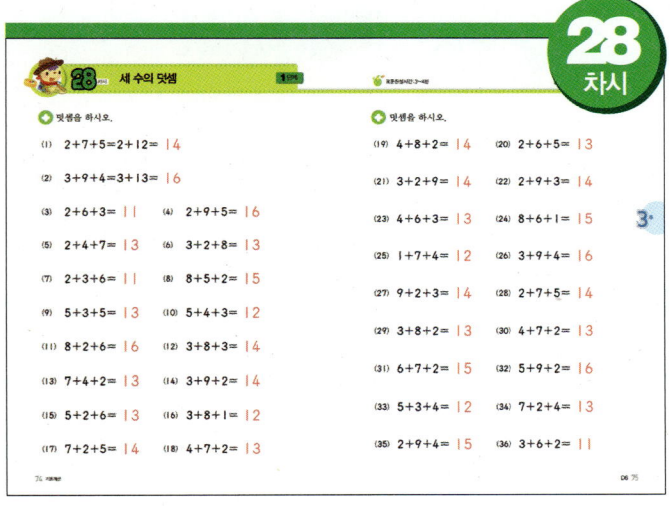

세 수의 덧셈은 순서를 바꾸어 더하여도 결과는 같으므로 자신에게 맞는 방법을 선택하여 계산하게 합니다.

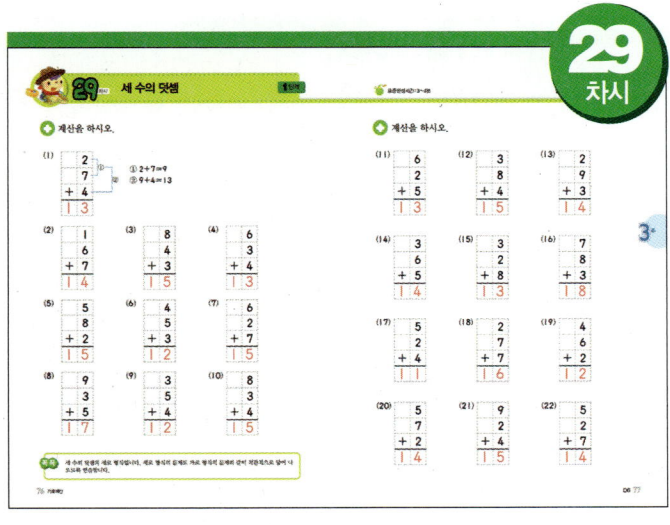

세 수의 덧셈의 세로 형식입니다. 세로 형식의 문제도 가로 형식의 문제와 같이 자신에게 맞는 방법으로 풀도록 합니다.

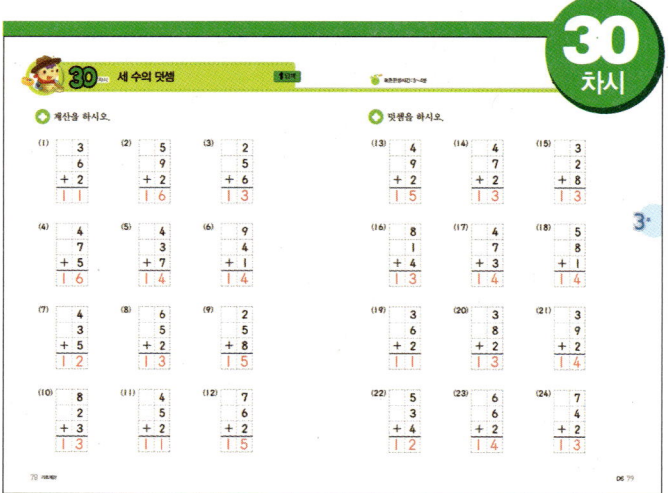

78~79쪽

세 수의 덧셈의 세로 형식입니다. 세로 형식의 문제도 가로 형식의 문제와 같이 직관적으로 답이 나오도록 연습합니다.

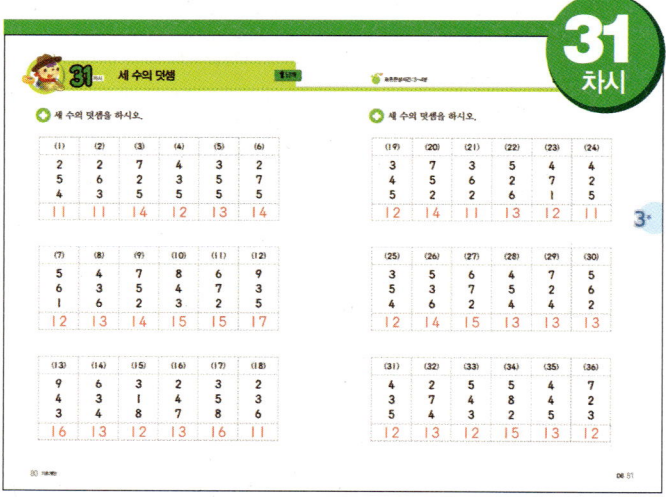

80~81쪽

앞에서 세 수의 덧셈을 충분히 익혔으므로 머뭇거리지 않고 답을 쓰도록 합니다. 이때 시간이 오래 걸리거나 어려워하면 앞의 내용을 다시 한번 반복하도록 합니다.

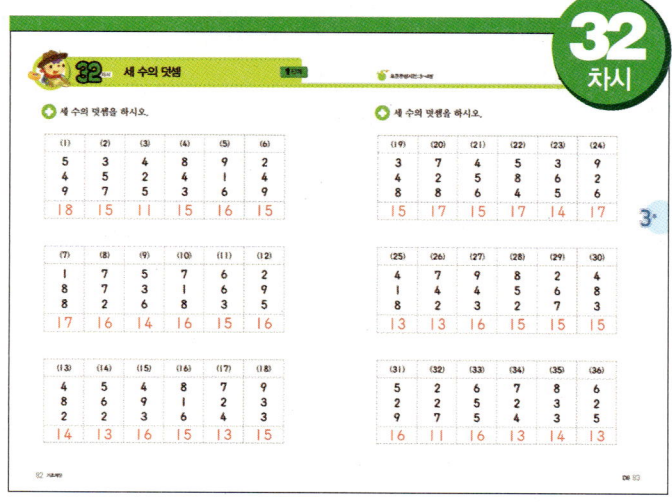

82~83쪽

세 수의 덧셈을 직관적으로 답이 나오도록 충분히 연습합니다.

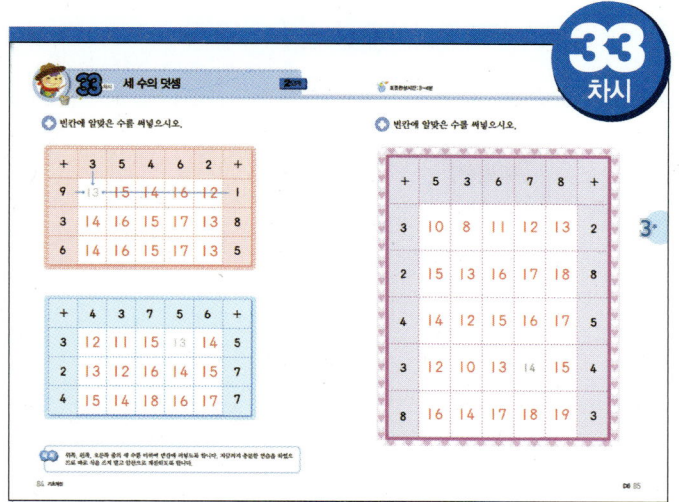

33 차시

84~85쪽

위, 왼쪽, 오른쪽 줄의 세 수를 더하여 빈칸에 써넣도록 합니다. 지금까지 충분한 연습을 하였으므로 따로 식을 쓰지 말고 암산으로 계산하도록 합니다.

34 차시

86~87쪽

위, 왼쪽, 오른쪽 줄의 세 수를 더하여 빈칸에 써넣도록 합니다.
$$6+9+5=15+5$$
$$=20$$

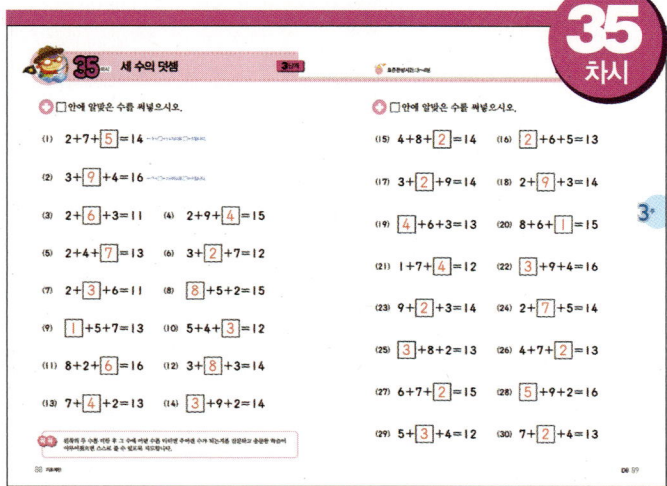

35 차시

88~89쪽

왼쪽의 두 수를 더한 후 그 수에 어떤 수를 더하면 주어진 수가 되는지를 질문하고 충분한 학습이 이루어졌으면 스스로 풀 수 있도록 지도합니다.

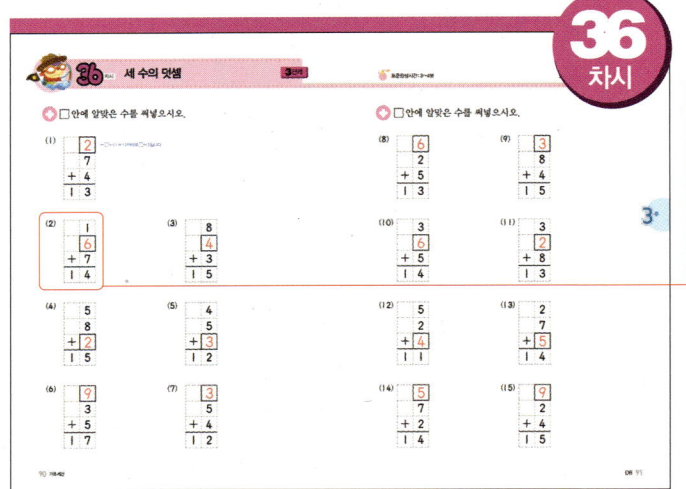

90~91쪽

▶ ☐ 안의 수를 뺀 나머지 두 수 1과 7의 합이 8이고 8과 ☐ 안의 수의 합이 14이므로 8과 더하여 14가 되는 수를 생각해 보도록 합니다.

체크 포인트

❶ 아이가 어려워한다면 앞의 내용을 제대로 숙지하고 있지 않을 수도 있습니다. 질문과 대화로 부족한 부분을 찾아 보충하면서 학습을 진행합니다.

❷ 같이 학습하면서 학습 내용을 꼼꼼히 기록한다면 효과적인 학습이 이루어질 수 있습니다. 풀이 시간 등을 세밀히 살펴보도록 합니다.

❸ 중요한 단계이므로 중간 중간 수시로 성취도를 체크하면서 진도를 나갑니다.

❹ 아이의 학습 능력에 맞는 학습량으로 조절하여 학습 부담감을 갖지 않도록 배려하면 능률이 더 오를 수 있습니다.

정답 및 지도서 D6

4주 세 수의 뺄셈

지도 방법

① 도입부터 계산 방법을 제시하여 숙지시키기보다는 배운 내용을 활용하여 스스로 계산 방법을 정리해 보도록 하면 좋습니다.

② 세 수의 계산, 받아내림이 있는 뺄셈이 선행 학습입니다. 충분히 이해하고 해결할 수 있는지 확인 후 진행합니다.

③ 학습 도중이라도 어려워한다면 앞으로 돌아가 배운 내용을 반복하도록 합니다. 무리하여 학습을 진행하는 것은 오히려 학습의 방해 요인이 되기도 합니다.

④ ■−●−▲는 ■−▲−●와 같습니다. 알아두면 유용하게 쓰일 수 있으므로 이해시킵니다.

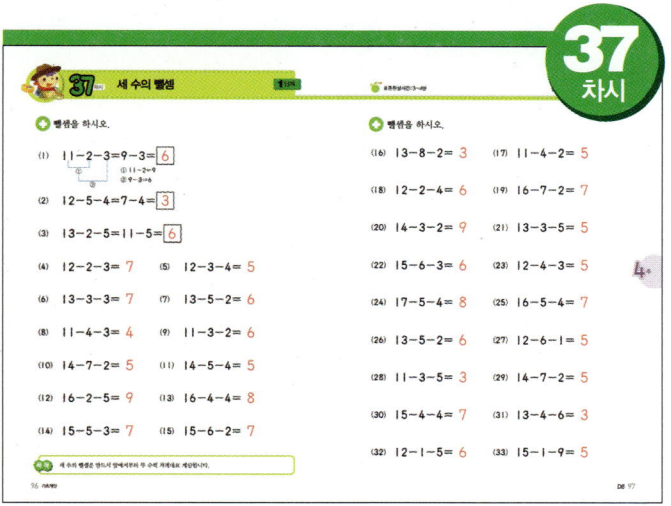

37 차시

96~97쪽

세 수의 뺄셈은 반드시 앞에서부터 두 수씩 차례로 계산합니다. 필요하다면 예를 들어 확인해 줍니다.

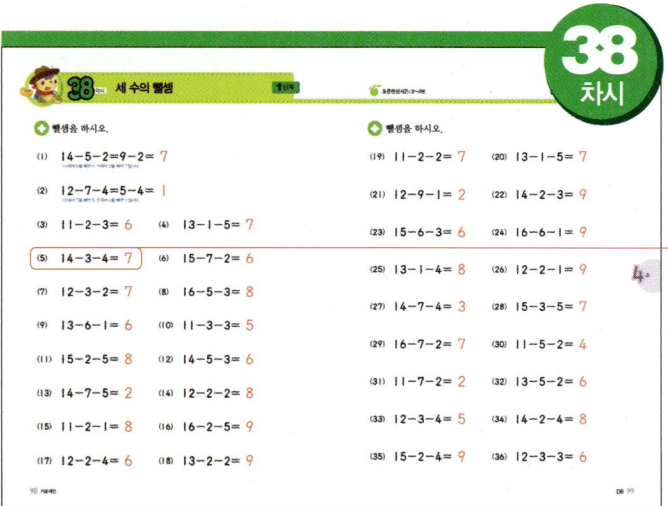

38 차시

98~99쪽

세 수의 뺄셈은 반드시 앞에서부터 두 수씩 차례로 계산합니다.
$$14-3-4=11-4$$
$$=7$$

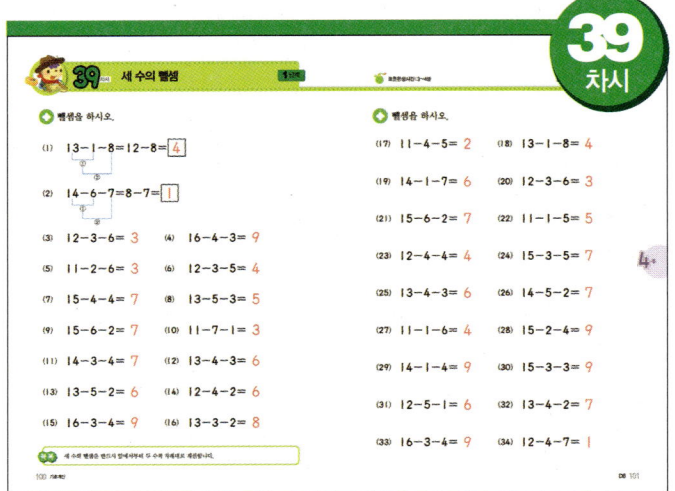

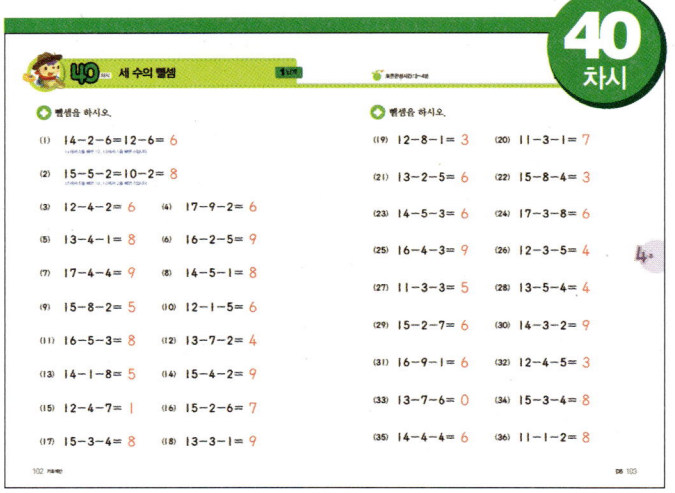

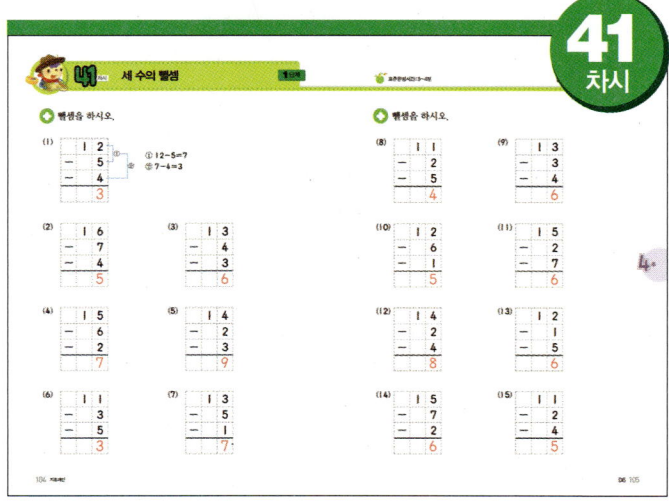

100~101쪽

세 수의 뺄셈은 반드시 앞에서부터 두 수씩 차례로 계산합니다. 순서를 바꾸어 계산하지 않도록 주의합니다.

102~103쪽

순서를 바꾸어 계산하지 않도록 주의합니다. 이때 계산한 답이 틀리거나 어려워하는 경우에는 앞 내용을 다시 한번 연습하도록 지도합니다.

104~105쪽

세 수의 뺄셈의 세로 형식입니다. 세로 형식의 문제도 가로 형식의 문제와 같이 위에서부터 차례로 풀도록 연습합니다.

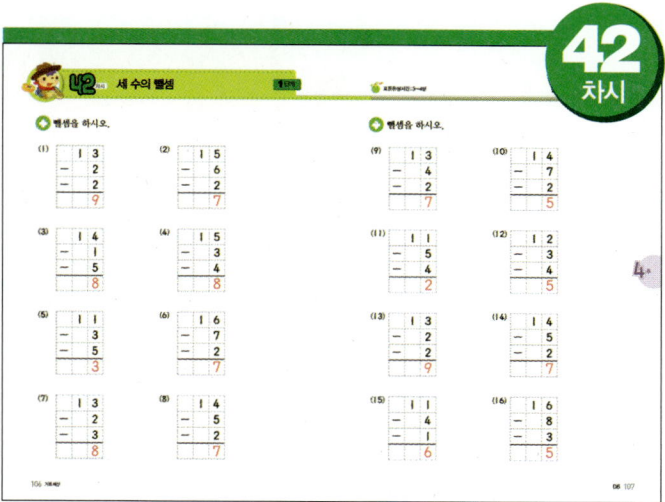

106~107쪽

세 수의 뺄셈의 세로 형식입니다. 세로 형식의 문제도 가로 형식의 문제와 같이 위에서부터 차례로 풀면서 직관적으로 답이 나오도록 연습합니다.

108~109쪽

직관적으로 답이 나오도록 연습합니다. 이때 계산한 답이 틀리거나 어려워하는 경우에는 앞 내용을 다시 한번 연습하도록 지도합니다.

110~111쪽

앞에서 세 수의 뺄셈을 충분히 익혔으므로 머뭇거리지 않고 답을 쓰도록 합니다.

112~113쪽

45차시

가로줄에 있는 수에서 왼쪽과 오른쪽 줄에 있는 수를 뺀 차를 빈칸에 써넣도록 합니다. 지금까지 충분한 연습을 하였으므로 따로 식을 쓰지 말고 암산으로 계산하도록 합니다.

114~115쪽

46차시

가로줄에 있는 수에서 왼쪽과 오른쪽 줄에 있는 수를 뺀 차를 빈칸에 써넣도록 합니다. 지금까지 충분한 연습을 하였으므로 따로 식을 쓰지 말고 암산으로 계산하도록 합니다. 이때 계산한 답이 틀리거나 어려워하는 경우에는 앞 내용을 다시 한번 연습하도록 지도합니다.

116~117쪽

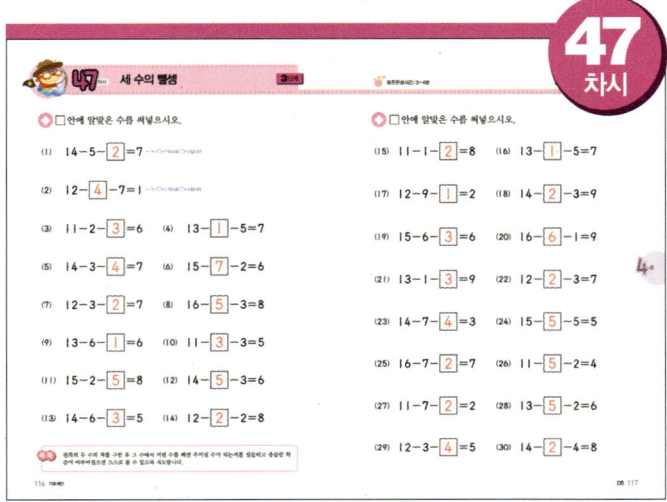

47차시

왼쪽의 두 수의 차를 구한 후 그 수에서 어떤 수를 빼면 주어진 수가 되는지를 질문하고 충분한 학습이 이루어졌으면 스스로 풀 수 있도록 지도합니다.

118~119쪽

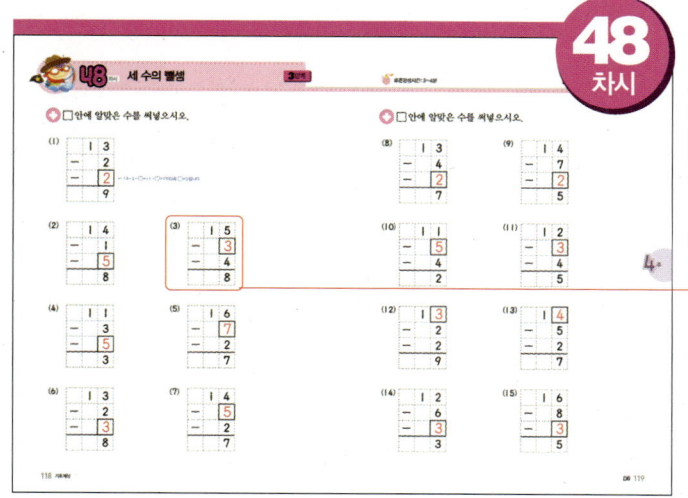

▶ 15와 4의 차는 11이므로 11에서 어떤 수를 빼면 8이 되는지를 잘 생각하여 어떤 수를 구하도록 합니다.

체크 포인트

❶ 학습이 끝나면 학습한 내용을 간략하게 정리하여 내용에 대한 확실한 이해를 다집니다.

❷ 학습 성취도를 그래프로 나타내어 부족한 부분에 대해 보충할 수 있게 하며 아이가 어려워하는 부분에 대한 대비책을 마련합니다.

❸ 응용력을 기를 수 있도록 원리 설명에 충실하며 다양한 유형을 되도록 많이 접할 수 있게 합니다.

❹ 수시로 구두문답을 통해 아이의 위치를 살펴보면서 다음 학습 계획을 세워 보도록 합니다. 이때, 아이의 능력에 맞는 맞춤 학습이 필요합니다.

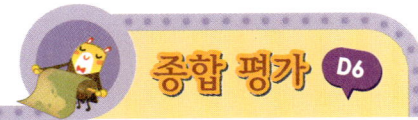

종합 평가 D6

120~122쪽

- 받아내림이 있는 두 수의 뺄셈을 능숙하게 계산하고, 계산 방법을 다양하게 설명할 수 있는지 알아봅니다.
- 세 수의 덧셈, 뺄셈을 바르게 풀 수 있는지 확인합니다.
- 오답이 있는 경우 원인을 찾아 보충하도록 합니다.

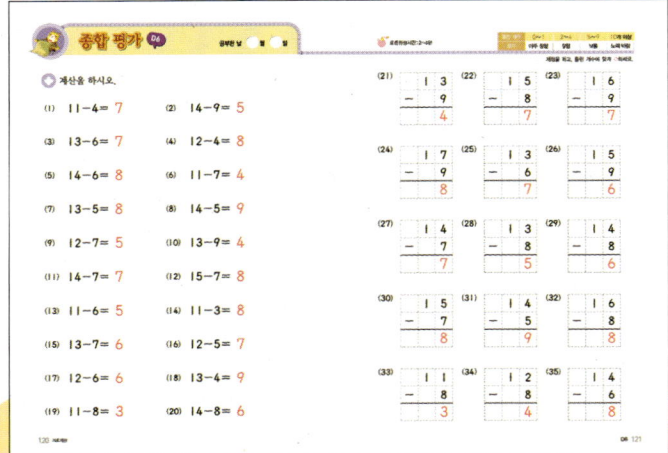

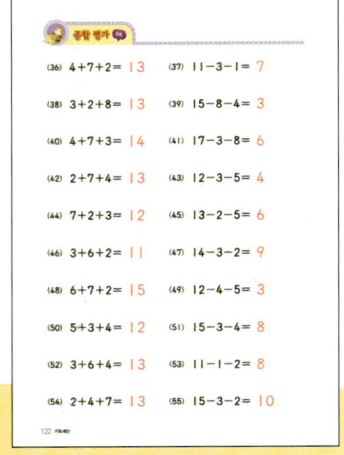